Gutzeit/Neubauer ▪ Auf Ihre Stimme kommt es an!

Sabine F. Gutzeit
Anna Neubauer

Auf Ihre Stimme kommt es an!

Das Praxisbuch
für Lehrer und Trainer

Sabine F. Gutzeit, Diplom-Pädagogin, Logopädin, Spracherzieherin (DGSS), systemische Beraterin (INSYS), arbeitet seit mehreren Jahren als selbstständige Kommunikationstrainerin, Logopädin und Coach. Sie therapiert Stimm- und Sprechstörungen und hält Seminare und Vorträge zu Präsentation, Stimme, Gesprächsführung, Diskussion und freier Rede. Sie ist Autorin des Buches »Die Stimme wirkungsvoll einsetzen«.

Anna Neubauer, arbeitet seit 2009 als staatlich anerkannte Logopädin. Neben der Diagnostik und Therapie von Stimm- und Sprechstörungen sowie anderen logopädischen Störungsbildern, hat sie im Rahmen ihrer Ausbildung Stimmseminare für Lehrer und Referendare durchgeführt.

Das Werk und seine Teile sind urheberrechtlich geschützt. Jede Nutzung in anderen als den gesetzlich zugelassenen Fällen bedarf der vorherigen schriftlichen Einwilligung des Verlages. Hinweis zu § 52a UrhG: Weder das Werk noch seine Teile dürfen ohne eine solche Einwilligung eingescannt und in ein Netzwerk eingestellt werden. Dies gilt auch für Intranets von Schulen und sonstigen Bildungseinrichtungen.

Lektorat: Ingeborg Sachsenmeier

© 2010 Beltz Verlag · Weinheim und Basel
www.beltz.de

Herstellung: Nancy Püschel
Satz: Druckhaus »Thomas Müntzer«, Bad Langensalza
Druck: Beltz Druckpartner, Hemsbach
Umschlaggestaltung: glas ag, Seeheim-Jugenheim
Umschlagabbildung: Christoph Ehrhardt, Schelldorf
Printed in Germany

ISBN 978-3-407-36493-7

INHALTSVERZEICHNIS

Vorwort   7
Einleitung: Wieso, weshalb, warum?   9
Die Icons   13

Die Stimme – Durchhalten und überzeugen …

Was ist Ihr »Erste-Hilfe-Set«? – Sind Sie immer gut bei Stimme?   16
Wissen zum Angeben – Zahlen, Daten, Fakten   21
Des Deutschen liebstes Kind … – Wie funktioniert Ihr Stimm-Mobil®?   30
Überleben im Sprechalltag – »Vier gewinnt!«   36
Warum scheint der Transfer so schwer?   42

Alles klar?! – Wahrnehmen, ausprobieren, automatisieren

»Es ist noch kein Meister von Himmel gefallen«   50
Zeit für Entspannung   51
Damit die Luft nicht ausgeht   58
Im Alltag heißt es: »Haltung bewahren«   64
Stimmt die Stimme?   68
Artikulation spart Stimmkraft   77

Viel Lärm um nichts? Wie man sich anders Gehör verschafft

Wer schreit, hat Unrecht … – oder keine andere Möglichkeit   82
Alternativen zum Lautstärkemachtkampf   83
Mit der Stimme in Bann ziehen   88
Komplexe Inhalte verständlich vermitteln   95

Der ganz normale Wahnsinn

Menschen wie wir und Sie	**102**
Wie ein Krimi – Lehreralltag mit Tipps für die Stimme	**103**
»Sondereinsatzkommando« Stimme – Tipps für den Traineralltag	**106**

Anhang

Was man mit Omas Wissen alles lindern kann	**112**
Danksagung	**115**
Fragebogen	**116**
Literaturverzeichnis	**118**

VORWORT

Durchhalten!
Durchhalten?
Nein: Anfangen.

Vor dem Bewusstsein der persönlichen, einzigartigen Stimme (jedes Menschen übrigens), steht für denjenigen, der mit der Stimme arbeiten will oder muss, ihr Training, ihre Ausbildung – und der nicht einfache Versuch, sich ihrer zu versichern, sie sich verfügbar, einsatzbereit zu machen.

Und wie beim sportlichen Training zum Beispiel ist eine Regelmäßigkeit der Übungen Voraussetzung. Ihre Dauer wird verschieden sein. Ich selbst habe lange geübt.

Seine Stimme zum »Instrument« zu machen heißt, einen Weg zu gehen. Und am Ende des technischen Pfades steht nicht selbstverständlich die gelungene Vermittlung von Inhalten. Dafür brauchen Sie Kopf und Herz, nicht nur Stimmbänder.

Aber wenn Sie deren Bildung, Ausbildung ernst nehmen, kommen Sie hoffentlich im Lauf der Zeit auf das andere Gleis: Ihre Stimme ohne Zwang, ohne Angst, ohne Schlucken, Räuspern und literweise Wassertrinken einzusetzen, und das ohne Angstschweiß auf der Stirn, ob Ihre Stimme durchhalten wird.

Sie wird!
Haben Sie Mut.

Nehmen Sie den Vorlauf ernst. Ihre Stimme wird Sie belohnen und Ihnen gehorchen. Selbst wenn Sie zwischendurch mal »indisponiert« sind, brauchen Sie nicht unbedingt einen Halswickel.

Aber erst müssen Sie mal anfangen.
Sie wissen ja: Die Hürden des Beginns!
Halten Sie durch, dann hält Ihre Stimme durch.

Und wenn Sie etwas zu sagen haben und damit ehrlich auf Ihr Gegenüber oder Publikum zugehen, wird die Stimme Ihnen folgen, wird Sie tragen und den anderen angenehm sein.

Toi, toi, toi!

Ihr

Christian Brückner

Christian Brückner, geboren 1943 in Schlesien, wuchs in Köln auf. Engagements am Theater, kontinuierliche Arbeit für Funk und Fernsehen. 1990 erhielt er den Grimme-Preis Spezial in Gold. Schwerpunkt seiner Arbeit heute: öffentliche Literatursendungen, oft eingebunden in einen musikalischen Zusammenhang. 2000 Gründung des Hörbuchverlags parlando mit seiner Frau Waltraut. 2005 Auszeichnung des gesamten Programms mit dem Deutschen Hörbuchpreis.

Die deutschsprachige Presse nennt Christian Brückner heute »The Voice«. Seine faszinierende Stimme ist bekannt durch zahlreiche Synchronisationen ausländischer Schauspieler wie zum Beispiel Robert de Niro, Alain Delon und Harvey Keitel.

EINLEITUNG: WIESO, WESHALB, WARUM?

Als Logopädinnen (Gutzeit, Neubauer) und als Kommunikationstrainerin (Gutzeit) ist uns aufgefallen, dass es viele Trainings gibt zu Themen wie »freie Rede«, »Präsentation«, »Argumentation« oder »Gesprächsführung«. Es geht dann inhaltlich meist darum, zu überzeugen und glaubwürdig zu sein – wovon sicher manch ein Bankmanager profitiert hat –, aber kaum eines spricht von der Stimme!

Überhaupt wird der Stimme als Übermittler der wohlüberlegten Worte erst in der letzten Zeit mehr Aufmerksamkeit gewidmet. In den meisten Fällen ist der Einsatz der Stimme allerdings nur ein Randthema im Seminar, wenn überhaupt.

Und ähnlich ist es häufig in der Lehrerausbildung. Natürlich hat man da schon irgendetwas gehört von der Schonung der Stimme, dem Vermeiden von Räuspern, oder es gab ein Training zum Schreien oder ähnlich unkonkrete Ansätze.

Stimmlich durchhalten – darum geht es doch in vielen Fällen! Zum Beispiel: einen gesprächsreichen Tag, sei es im Unterricht, im Seminar oder in Besprechungen. Und wie kann man trotz Erkältung stimmlich mit möglichst wenig Aufwand den Arbeitstag durchstehen? Das Durchhaltenkönnen ist ein wichtiger Aspekt, den Berufssprecher brauchen. Gleichzeitig kann dieser in einem weiteren Schritt die Basis für Überzeugungskraft sein. Denn was nutzt die inhaltlich beste Argumentation oder der wohlgemeinte Appell an Disziplin, wenn diese mit brüchiger oder zittriger, müder Stimme vorgetragen werden?

Wir wissen aus unserer eigenen Praxis: Es ist keineswegs das Lüften der großen Geheimnisse, was weiterhilft, sondern sehr oft sind es ganz einfache, leicht umsetzbare Kleinigkeiten, die im Alltag helfen, die Stimme bestmöglich im Beruf einzusetzen und zu nutzen.

Und uns ist noch etwas aufgefallen: Es gibt bereits einige gute Bücher zum Thema »Stimme« und sicher manches gute Seminar; trotzdem haben viele Menschen Stimmprobleme. Es scheint einigen gar nicht bewusst zu sein, was da mit ihrem Stimmwerkzeug nicht stimmt und was dagegen unternommen werden kann.

Vielleicht haben die Leute einfach noch nicht das »richtige« Buch oder die »richtigen« Anregungen gefunden?!

Versuchen Sie doch einmal folgende Fragen für sich zu beantworten: Wissen Sie schon, was Sie schnell und effektiv gegen ein Kratzen in der Stimme tun können? Wie können Sie bei Bedarf lauter werden, ohne sich die Stimme zu ruinieren? Oder wie können Sie die guten Tipps, die man allenthalben immer wieder hört, im Alltag umsetzen, ohne lange Stimmtrainingsprogramme durchführen zu müssen?

Es ist nicht nötig, dass sich manche Lehrer von Ferien zu Ferien hangeln und den Urlaub nutzen müssen, um sich stimmlich zu erholen. Dieses Buch dient der Prävention und dem Abfangen eines der schlimmsten Ereignisse für Sprechberufe: dem Komplettausfall der Stimme. Sie erhalten hier vor allem Tipps für typische Sprechsituationen und für den einfachen Transfer in den Alltag.

Werden Sie also zum Chef Ihrer Stimme und setzen Sie die Stimme in Zukunft gezielt und ausdauernd ein.

Doug Stevenson, ein amerikanischer Kommunikationstrainer, stellte fest, dass es durchschnittlich 50 Impulse benötigt, um etwas zu verändern oder in Angriff zu nehmen. Vielleicht ist dieses Buch Ihr 50. Impuls! Vielleicht sind Sie nun bereit, alte Routinen beim Stimmeinsatz zu verlassen und neue Wege für eine durchhaltefähige Stimme zu beschreiten. Wir freuen uns, wenn Sie es tun!

Für uns reichten mehrere Jahre Praxiserfahrung und drei konkrete Impulse, um das Buch zu schreiben:

- Der erste Impuls war: Es gibt immer noch zu viele Menschen, die glauben, mit der Stimme, mit der sie momentan sprechen, müssen sie den Rest ihres Lebens verbringen und können nichts verbessern. Wie eine logopädische Studie im Rahmen der Facharbeit »Prävention von Stimmstörungen bei Lehrkräften« (Neubauer 2009) zeigt, können sich nach wie vor viele nicht auf ihre Stimme verlassen. Sie hält im Beruf nicht durch. Der Frosch im Hals ist zum ständigen Begleiter geworden. Viele sind ständig auf der Suche nach Lösungen oder wenden entschieden die falschen Strategien an.
- Ein weiterer Impuls und ein erster guter Schritt in die Richtung war das Buch »Die Stimme wirkungsvoll einsetzen« (Gutzeit), das 2008 bereits in dritter Auflage erschienen ist. Vor allem durch die begleitende Übungs-CD. Hier soll nun fortgeführt werden, was damals begonnen wurde: Transfer und leichte Umsetzung in den Alltag. Schnelle, einfache Tipps für eine

- Der dritte Punkt: Wir kennen bisher kein Buch, das wirklich nur das Nötigste vermittelt und so praxisnah, unterhaltsam und damit einfach umsetzbar ist, wie wir es uns für Berufssprecher wünschen. Wir wissen nur, dass die Leute nach schnellen, einfachen Tipps *suchen*.

Pablo Picasso hat einen sehr interessanten Unterschied zwischen Suchen und Finden gemacht: »*Ich suche nicht, ich finde.*« (2006) Picasso sagte:

Suchen,
das ist Ausgehen von alten Beständen
und ein Finden-Wollen
von bereits Bekanntem im Neuen.

Finden – das ist das völlig Neue!
Das Neue auch in der Bewegung.
Alle Wege sind offen,
und was gefunden wird,
ist unbekannt.

Es ist ein Wagnis – ein heiliges Abenteuer!
(Parmelin 1966, S. 14)

Er hat Recht! Abenteuer, Wagnis, das hat uns schon als Kinder gefesselt. Wir laden Sie ein, zu suchen und zu finden. Suchen Sie die Dinge, von denen Sie vielleicht schon gehört haben, aber noch nicht wissen, wie sie sich einfach in den Alltag integrieren lassen. Und finden Sie heraus, was die grundsätzlichen Schritte für ein gutes stimmliches Durchhaltevermögen sind!

Die gute Nachricht dabei: Die grundsätzlichen Punkte sind nur vier! Das Schwierigere scheint tatsächlich die Umsetzung und Integration in den Alltag. Genau das soll Ihnen durch dieses Buch erleichtert werden.

»Kurz, prägnant, unterhaltsam, einfach« – so ist der Anspruch in der Rhetorik an verständliche, gute Texte. Das wollen wir in diesem Buch umsetzen.

Im ersten Kapitel finden Sie einen Überblick, wie Ihre Stimme funktioniert und auf welche vier Punkte es im Alltag zum Durchhalten vor allem ankommt. Im zweiten Kapitel finden Sie eine Auswahl kurzer Übungen und Tipps, die Sie sofort in den Alltag integrieren können und die Ihren Sinn für die Stimme schärfen. Das macht die Stimme im Gebrauch selbstverständlich *und* kontrollierbar.

Um praktikable Alternativen zum Lautstärkemachtkampf und um den gezielten, überzeugenden Einsatz der Stimmmelodie geht es im dritten Kapitel.

Das vierte und letzte Kapitel befasst sich mit dem Transfer, indem Sie auf amüsante Weise anhand zweier typischer Tagesabläufe (Lehrerin, Trainer) lesen, wie die einfachen Tipps für die Stimme aus den vorangegangenen Kapiteln im Berufsalltag unterzubringen sind. Eine Sammlung von Rezepten zur schnellen Hilfe bei herannahender Erkältung runden das Ganze ab.

Viel Spaß beim Finden interessanter Aspekte!

DIE ICONS

 Beispiel = Beispiele aus dem Leben, Forschungsergebnisse, Alltagssituation

 Info = interessante Infos, Merkkästen, das Wichtigste auf den Punkt gebracht

 Lehrerin = s. Trainer

 Rezept = bewährte Hausmittel

 Trainer = Gedanken und Erfahrungen eines Trainers (Lehrerin dito)

 Übung = konkrete Tipps und Übungen

Die Stimme – Durchhalten und überzeugen ...

WAS IST IHR »ERSTE-HILFE-SET«? – SIND SIE IMMER GUT BEI STIMME?

Als Download zu diesem Buch erhalten Sie Klebepunkte mit dem Stimm-Mobil®, das auf Seite 31 erläutert wird. Diese können Sie sich ausdrucken und jeweils an die Stellen im Buch kleben, die Ihnen wichtig erscheinen. So haben Sie stets die Möglichkeit, diese bedeutsamen Punkte schnell wiederzufinden.

Bei den folgenden Fragen und Antworten geht es um Ihre bisherigen Erfahrungen mit dem Stimmeinsatz. Schließlich nutzen Sie Ihre Stimme bereits eine Weile, um genau zu sein, Ihr Leben lang, und Ihnen ist im beruflichen Alltag sicher schon das eine oder andere aufgefallen.

Außerdem haben Sie wahrscheinlich bis jetzt ein paar Strategien entwickelt, um beispielsweise gut durch die erkältungsreiche Jahreszeit zu kommen. Und das ist sicher nicht nur der Sprung auf die Seite, wenn einer neben Ihnen hustet oder niest.

Uns geht es hier um Ihre Erfahrungen und um Verhaltensweisen, die sich bewährt haben. Es geht um Ihre Sensibilität für das Thema Stimme als »Status quo«, bevor Sie durch das Buch weitere Anregungen erwerben. Vielleicht sehen Sie sich auch in einigen Punkten bestätigt; das wäre wunderbar. Dadurch entstehen am Ende konkrete Ziele und Maßnahmen für einen unbeschwerten und ausdauernden Umgang mit Ihrem »Berufswerkzeug«.

Zum »Aufwärmen« für die Fragen auf der kommenden Seite, die Sie bitte kurz schriftlich beantworten, einige Einstimmungsfragen. Gehen Sie gedanklich Ihren Alltag einmal bewusst durch: Wie ist Ihre Stimme morgens nach dem Aufstehen? Gehören Sie zu den Menschen, die eine »Warmlaufphase« haben oder ist Ihr Stimmsystem fit vom ersten Augenblick des Erwachens an? Was tun Sie, um die Stimme in Gang zu bringen oder in Gang zu halten? Wie verhält sich Ihre Stimme über den Tag betrachtet? Erkältung und Stimmverlust: Schon mal erlebt? Was haben Sie unternommen? Was hat geholfen? Wer ist Ihr persönlicher Lieblingssprecher? Wem hören Sie gerne zu und warum? Welche Stimmen aus Rundfunk und Fernsehen sind Ihnen im Ohr? Warum?

Nun sind Sie schon ganz beim Thema. Nehmen Sie sich kurz einen Stift und ein paar Minuten Zeit. Wenn Sie mit dem Buch fertig sind, kehren Sie bitte zu der kommenden Seite und zu Frage drei zurück.

Stimmeinschätzung und Transferbasis

Nehmen Sie sich bitte fünf Minuten Zeit für die ersten beiden Fragen und notieren Sie Ihre Antworten.

Frage 1: Welche Maßnahmen haben bisher geholfen, mit der Stimme durchzuhalten?

....

....

....

....

....

....

....

Frage 2 a: Was ist Ihnen an der eigenen Stimme und Sprechweise positiv beziehungsweise negativ aufgefallen oder von anderen rückgemeldet worden?

....

....

....

....

....

....

....

Frage 2 b: Was ist Ihnen an anderen Stimmen und Sprechweisen aufgefallen? Welche Sprecher aus dem öffentlichen Leben haben Sie im Ohr? Warum?

....
....
....
....
....
....
....
....

Mit der folgenden Frage sollten Sie sich befassen, wenn Sie im Buch etwas Interessantes und Umsetzenswertes für sich entdeckt haben, oder spätestens dann, wenn Sie das Buch komplett gelesen haben.

Frage 3: Was möchten Sie in Zukunft für Ihre Stimme tun? – Bitte legen Sie eine Reihenfolge Ihrer Maßnahmen fest: »Worauf achte ich als Erstes?«, »Was ist mein erster Schritt?« …

....
....
....
....
....
....
....
....

Vielen Dank! Sie kommen später, wie gesagt, wieder auf diese Fragen und Antworten zurück.

Im Buch möchten wir Ihnen zwei Menschen vorstellen, Menschen wie Sie und wir, einen Trainer und eine Lehrerin. Beide befassen sich von Berufs wegen mit dem Thema Stimme und sie lassen uns hier im Buch abwechselnd immer wieder einmal an ihren Gedanken und Erfahrungen teilhaben.

Zunächst die Erfahrungen des Trainers – für Sie zum Schmunzeln, Mitdenken und Möglichkeiten-Entdecken.

Freitag, 18:13 Uhr, im Zug von Karlsruhe nach München: »Was für ein Tag! Das Seminar ist zwar gut gelaufen, aber meine Halsschmerzen werden einfach nicht besser. Ein Glück, dass das Wochenende vor der Tür steht. Hab mir wahrscheinlich auf der Hinfahrt zum Seminar von meinem Sitznachbarn mit dem geräuschvollen Schneuzen etwas eingefangen. Mist! Ach ja, ich wollte in dem Buch zur Stimme weiterlesen. Wie heißt es immer: ›Man lernt nie aus‹. Vielleicht steht da ja ein Tipp gegen das verdammte Halsweh. Schließlich

muss es am Montag weitergehen. ›The same procedure as every week‹, klar, oder? Jetzt hustet der hinter mir auch noch. Hoffentlich hält der sich die Hand vor den Mund. Oder besser vorbildlich den Ellenbogen. Seit der Schweinegrippehysterie ist das Pflicht eines guten Mitbürgers.

Wie war das gleich wieder in dem Stimme-Buch mit der Frage nach der eigenen Stimme, oder den von anderen?! So weit war ich schon. Da fällt mir sofort das Bild von dem Baumarkt ein, der mit der Bruce-Willis-Stimme für Sonderangebote wirbt. Was würden die wohl sagen, wenn Bruce in gewohnter ›Ballermanier‹ durch ihren Supermarkt stürmt und zerstörte Regale und verschreckte Kunden hinterlässt?! Das wäre doch mal was! Da wird der Einkauf zum Erlebnis, ha ha!

Was hat mir schon zum stimmlichen Durchhalten geholfen? Na ja, Ignoranz der Symptome, aber das hilft nicht lange. Meine Oma machte bei Halsschmerzen immer so ekelhafte feuchtwarme Zwiebelwickel. Danach roch ich stets wie ein Zwiebelrostbraten. Geholfen hat es schon. Habe ich eigentlich für das Wochenende genügend eingekauft? Ich sollte unbedingt Zwiebeln auf die Liste setzen. Und Salbeitee …«

WISSEN ZUM ANGEBEN – ZAHLEN, DATEN, FAKTEN

Immer wieder liest man, Lehrer kämen bei Schülern heutzutage nur gut an, wenn sie eine »unterhaltsame Show« vor der Klasse abliefern, denn die jungen Leute sind das von Film und Fernsehen so gewöhnt. Wer wird Deutschlands nächster Superlehrer? Wir denken, so weit ist es noch nicht überall.

Allerdings ist nicht von der Hand zu weisen, dass es Leute gibt, die ein Charisma haben, denen man ausgezeichnet zuhören kann, an deren Lippen wir hängen und die uns mit einer Leichtigkeit begeistern können, dass es schon unheimlich ist. Das kennen Sie vielleicht.

Leider gibt es das Gegenteil genauso: die monotone, einschläfernde Stimme. Wie schade für den Inhalt und wie schrecklich, wenn so ein Sprecher andere unterrichtet oder trainiert.

Im Berufsleben zeigt sich immer wieder die große Bedeutung der Stimme als Trägerin der Worte, als Vermittlerin der Botschaften. Von der Stimme hängt die Bereitschaft der Hörer ab zuzuhören. Die Sprechstimme beeinflusst die Fähigkeit, Inhalte aufzunehmen.

Das ist den Wissenschaftlern nicht entgangen und es gibt einige Studien dazu. Am interessantesten scheint uns an dieser Stelle ein Studienergebnis aus den 1960er-Jahren, das bis heute immer wieder begeistert von Kommunikationstrainern beim Thema »Bedeutung von Körpersprache und Stimme« verwendet wird – vor allem wegen der beeindruckenden Prozentzahlen.

In der Form, in der die Studie meist eingesetzt wird, handelt es sich um eine »Wissenschaftslegende«. Es klingt nämlich stets nach mehr, als die Studie eigentlich belegt.

Sie können in Zukunft mit folgendem Wissen glänzen und zur Aufklärung der Menschheit beitragen.

Albert Mehrabian, amerikanischer Sozialpsychologe, lenkte 1971 mit seiner Studie von 1967 die Aufmerksamkeit auf das nonverbale Verhalten, also auf Körpersprache und Mimik. In seinen Versuchen zeigte sich die Bedeutung der Stimme in der Kommunikation mit beachtlichen 38 Prozent. Auf die Körpersprache entfielen 55 Prozent. Dagegen sind die sieben Prozent für die Bedeutung des Inhalts scheinbar lächerlich. (Ausführlich können Sie dies nachlesen bei Bazil/Wöller 2008, S. 213.)

Von diesen Prozentzahlen haben Sie sicher schon gehört. Wir haben sie in dem folgenden Schaubild nochmals optisch dargestellt.

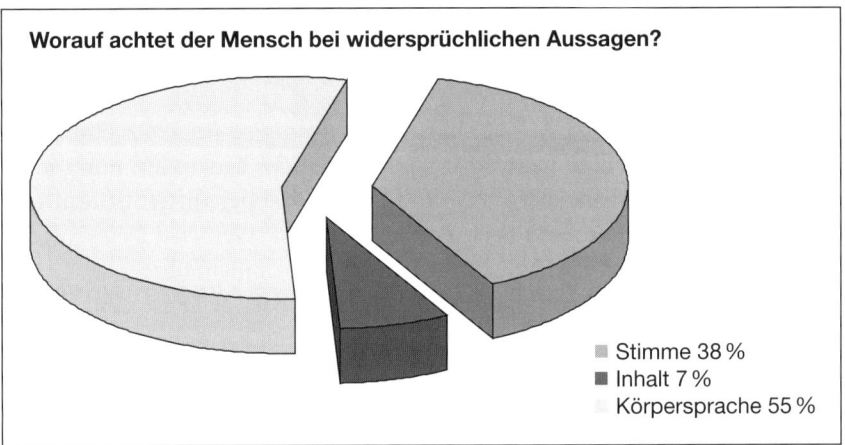

Die Bedeutung der Körpersprache, der Stimme und des Inhalts: Worauf achtet der Mensch bei widersprüchlichen Aussagen?

Allerdings sieht man bei dieser Studie einmal mehr, wie wichtig es ist, die Zusammenhänge bei Studien zu beleuchten, um die Gültigkeit der Ergebnisse zu belegen. Diese Meinung teilen die Sprechwissenschaftler Heinrich Lenhart und Stefan Wachtel, die sich mit diesem Thema befassten. Bei der Veranstaltung »100 Jahre Sprechwissenschaft und Sprecherziehung an der Universität Leipzig« hielt Heinrich Lenhart im September 2000 einen Vortrag mit dem Titel: »Der Mythos von den sieben Prozent«.

Es geht um Folgendes: Mehrabian beleuchtete bei seiner Studie Situationen, in denen beim Sprecher ein Missverhältnis aus Wort und Mimik auftritt, eine Inkongruenz. Er konnte zeigen, dass Menschen in der Lage sind, dieses Missverhältnis sofort zu erkennen. Die Situationen liefen folgendermaßen ab:

Es wurden Versuchspersonen gebeten, Emotionen in Worten zu hören, zum Beispiel im Wort »maybe«, das von drei Frauen in verschiedenen Emotionen (Ablehnung, Neutralität, Sympathie) gesprochen wurde. Sahen die Versuchspersonen dann gleichzeitig zum Hören eines sympathischen »maybe« noch ein Bild einer Frau, die zum Beispiel mit ablehnendem Gesichtsausdruck abgebildet war, entschieden sich die Testpersonen für die Ablehnung.

Anhand verschiedener Durchläufe kam Mehrabian dann zu seinem eigentlichen Ergebnis. Aber er verwendete jeweils nur ein Wort im Test! Und welche Kommunikationsabläufe im Alltag bestehen schon aus nur einem Wort?! Mehrabian selbst betonte immer wieder, dass er aus seinem Ergebnis keine allgemeinen Erkenntnisse für Kommunikation ableiten wollte.

Trotzdem wird diese Studie häufig und gerne in zahlreichen Kommunikationstrainings eingesetzt, zeigt sie doch deutlich, dass wir einem Menschen meist weniger Glauben durch seine Worte schenken, sondern diese stets in Abhängigkeit von Mimik, Gestik, Stimme und Körperhaltung beurteilen.

Die konkreten Prozentzahlen sind dabei aus unserer Sicht eher nebensächlich. Wir alle wissen aus eigener Erfahrung, dass vom Geschäftsgespräch bis zum Bettgeflüster die prozentualen Anteile der Bedeutung von Wort, Betonung und Mimik sowie Gestik sehr unterschiedlich ausfallen, und doch sind wir uns alle einig: Der Stimmklang kann im Extremfall in Bann ziehen oder abstoßen, ohne dass wir auf den inhaltlichen Gehalt des Gesagten achten.

Lehrerin beim Lesen: »Wusste ich es doch! Klar hab ich die Zahlen schon irgendwo gehört. War glaub ich in dem Rhetorikkurs an der Uni. Da fällt mir doch der nervige Prof aus dem dritten Semester ein. Mann, der hatte ein Wissen … aber seine Vorlesungen waren die anstrengendsten von allen. Diese knarrige, leise Stimme und die leiernde Sprechweise. Okay, er macht den Job schon ein paar Jahre, aber wir hörten das zum ersten Mal. Wäre schön gewesen, wenn er in einer packenderen Art referiert hätte! Muss ja nicht gleich der Nano-Moderatorenstil sein, aber ein wenig ansprechender hätte uns sicher besser wach gehalten. Ich habe mir seit damals keine Gedanken mehr darüber gemacht. Vielleicht geht es meinen Schülern mit mir ebenso?! Da muss ich morgen unbedingt mal darauf achten. Sprechen ist ja so selbstverständlich … Apropos morgen, was wollte ich noch alles für den Unterricht einpacken?«

Es gibt noch weitere interessante Studienergebnisse und Links, auf die wir Sie auf den folgenden Seiten hinweisen möchten:

Die Stimme ist wichtiges Kriterium für Karriere

Das »Netzwerk der Stimmberufe stimme.at« zeigt in einer Studie (Juli 2006), dass Stimme und Sprechweise immer mehr Einfluss auf Bewerbungsentscheidungen nehmen. 91 Prozent der Befragten ziehen Bewerber mit einer »guten Stimme« und Sprechweise anderen Bewerbern vor. Neben anderen Schlüsselqualifikationen kommt der Ausdrucksfähigkeit somit überraschend hohe Bedeutung zu.

- 53 Prozent halten die Stimme in Bezug auf die Karriere für »bedeutend«.
- 23 Prozent halten die Stimme für eine Führungskarriere sogar für »sehr bedeutend«.

Ausschlaggebend für eine »gute Stimme« sind nach der Studienautorin Helene Karmasin:

- ein kräftiger und klarer Stimmklang,
- eine deutliche und sichere Ausdrucksweise sowie
- die mittlere Sprechstimmlage, die im Gegensatz zu besonders betont tiefen oder hohen Stimmlagen favorisiert wird.

(http://www.estherschweizer.de/media/Presseinfo_Karrierefaktor_Stimme)

Spannend, dass es dazu Zahlen gibt. Unbewusst haben Sie es selbst vielleicht schon einmal so empfunden oder selbst erlebt: Wie schnell entscheidet man über Kompetenz oder Dilettantismus eines Redners, über Sympathie oder Antipathie. Und das oft, bevor derjenige überhaupt inhaltlich viel gesagt hat. Der erste Eindruck ist entscheidend, und in dem Fall vor allem der stimmliche.

Das sind wichtige Aspekte, die Sie an Schüler oder Seminarteilnehmer weitergeben können. Deren Bewusstsein für das Phänomen Stimme ist wahrscheinlich noch nicht sehr offen. Es ist so selbstverständlich. Zeit zum Umdenken!

Trugschluss: Tiefere Stimmen wirken immer attraktiv

Nach einer Studie der Phonetikerin Vivien Zuta vom Frankfurter Institute for Advanced Studies sind tiefe Stimmen, wie häufig behauptet, nicht immer attraktiv.

Sowohl für Männer- als auch für Frauenstimmen sind eine mittlere Sprechstimmlage und eine angemessene Sprechgeschwindigkeit ausschlaggebend dafür, ob sie attraktiv und positiv auf den Zuhörer wirkt.

Dagegen stehen nach der Phonetikerin die Komponenten Stimme und Aussehen in keinem Zusammenhang zueinander. In verschiedenen Versuchen ist festgestellt worden, dass sich Probanden bei tieferen Stimmen größere Menschen vorstellen. Aber Tatsache ist, dass zwischen Körpergröße und Stimmlage keine Verknüpfung besteht.

Jedoch ist die Sprechgeschwindigkeit bei Männern im Gegensatz zu Frauen herabgesenkt, wenn sie einen voluminöseren Körperbau besitzen.

(Rz-Online vom 11.10.2008,
http://rhein-zeitung.de/on/08/10/12/news/science/t/rzo486185.html)

Nachdem wir uns nun einig sind, dass die Stimme viel zur Unterstreichung des Inhalts beiträgt (egal zu wie viel Prozent), wenden wir uns der Bedeutung der Stimme für Berufssprecher und speziell für die Lehrenden zu. Zunächst dazu noch weitere Fakten:

Wenn der Stimme das Lächeln vergeht ...

Ein Drittel aller Menschen in den Industrienationen arbeitet in Sprechberufen.

In 60 Prozent aller Berufe haben kommunikative Fähigkeiten und Anforderungen eine hohe Bedeutung.

Die Krankheitshäufigkeit für Stimmfunktionsstörungen bis hin zu Stimmversagen liegt bei 9,8 Prozent, unabhängig vom Beruf. In Sprechberufen ist sie doppelt oder dreimal so hoch.

Die »neuen Sprechberufe« wie Trainer, Berater oder Führungskräfte erhalten keine Stimmbildung.

Angst um den eigenen Arbeitsplatz haben Stimmkranke deutlich mehr als Stimmgesunde (Umfrage bei Call Center Agents).

Es gibt etwa 13 Millionen Menschen in Sprechberufen (in Deutschland).

20 Prozent entwickeln eine Stimmstörung und sind deswegen im Schnitt zehn Tage jährlich krankgeschrieben. Dadurch entsteht ein Produktionsausfall von 2,6 Milliarden Euro im Jahr. Der Ausfall der Bruttowertschöpfung liegt jährlich bei 3,7 Milliarden Euro.

In Deutschland gibt es rund 350.000 Call Center Agents, davon 16 Prozent mit Stimmstörungen und zehn Tagen Krankschreibung. Der Produktionsausfall liegt bei 32,2 Millionen Euro, der Ausfall der Bruttowertschöpfung bei 50,3 Millionen Euro.

Die Kosten für Stimmerkrankungen bei Lehrern im Saarland betragen mindestens 11.200 Zeitstunden Unterrichtsausfall pro Jahr. Der entstandene Schaden liegt bei über 8,8 Millionen Euro. Es entstehen Behandlungskosten in Höhe von 233.000 Euro.

Fazit: In seine Stimme zu investieren, bedeutet für den Arbeitgeber Kosten sparen und für den Arbeitnehmer Arbeitsplatz erhalten.

(PASECCO 2004, http://www.arbeitnehmerkammer.de/tbs/callcentertagung05/doku/sportelli_stimme.pdf)

Nach so vielen Zahlen schwirrt Ihnen vielleicht der Kopf. Deshalb lassen wir es gut sein und wenden uns abschließend nur noch den zwei speziellen Studien zu, die ausschlaggebend waren für dieses Buch und in denen Sie sich wiederfinden können.

Fühlen Sie sich ernsthaft krank, wenn Sie klingen, als wäre die vergangene Nacht eine feucht-fröhliche gewesen? Gehen Sie zum Arzt, wenn Sie heiser sind? Wahrscheinlich nicht. »Das wird schon wieder« – und vom Arzt hört man erfahrungsgemäß nur den Tipp: »Halten Sie Stimmruhe!« Was einem in einem Sprechberuf natürlich problemlos gelingt …

Überraschend ist die Tatsache, dass gerade in Sprechberufen das Wissen um das wichtige Werkzeug im Alltag lückenhaft ist. Es fehlt häufig an einfach umzusetzenden Tipps und Tricks, um mit der Stimme durchzuhalten.

Genau das wird in verschiedenen Studien deutlich. Es existieren mehrere interessante Arbeiten und Umfragen zur Häufigkeit von Stimmstörungen bei Lehrern. Sie werden sehen, dass es sich nicht um das Problem weniger Einzelner handelt. Im Gegenteil!

Selbstverständlich können Trainer und Professoren oder andere berufliche Vielsprecher ebenso betroffen sein wie Lehrer. Schließlich ist die Stimme ihr elementares Berufswerkzeug in der Vermittlung von Wissen. Der einzige Unterschied liegt möglicherweise darin, dass deren Zuhörer in der Regel freiwillig vor ihnen sitzen. Der Motivationsgrad könnte allerdings in bestimmten Fällen der gleiche wie bei Schülern sein. Auf jeden Fall gelten die folgenden Aussagen in Bezug auf Lehrer für alle Vielsprecher.

»Rund die Hälfte der Lehrer leiden […] an Stimmstörungen.« (Gutenberg 2003)

Die Pilotstudie von Professor Norbert Gutenberg von 2003 (http://www.uni-saarland.de/verwalt/presse/campus/2003/1/06-stimme.html) belegt, dass rund die Hälfte der Lehrer an Stimmstörungen leidet. Nach seinen Erkenntnissen liegt die Ursache in der mangelhaften Aufklärung der Lehrer über Sprach-, Sprech- und Stimmstörungen während der Ausbildung.

Das Fach Sprecherziehung, welches als Einziges den angehenden Berufssprechern den Umgang mit ihrer Stimme, eine physiologische Phonation und Sprechtechnik vermittelt, ist nur in sieben Bundesländern für alle Lehramtsstudenten verpflichtend.

In Bayern kommt man erst als Referendar in den Genuss einer kurzen Einführung über den Umgang mit dem wichtigsten Lehrinstrument, und das nur, sofern die Seminarschule es organisiert. Folgen der mangelnden Ausbildung sind fehlende kompetente Reaktionen auf Stimm- und Sprechstörungen bei Schülern und häufiger Unterrichtsausfall bis zur Berufsaufgabe durch eigene Stimmproblematik (vgl. Lemke/Thiel/Zimmermann 2005, S. 164 ff.). Der Lehrer startet in seinen Beruf, ohne seiner Stimme oder Stimmproblemen den Stellenwert einzuräumen, den sie haben sollten.

Im Rahmen einer Facharbeit (Neubauer 2009) an der BFS für Logopädie Ingolstadt wurde ein Fragebogen erstellt, um empirisch begründet einen Überblick zu erhalten, welche Auffälligkeiten ein Lehrer in Bezug auf seine Stimme bemerkt, welche Maßnahmen er dagegen unternimmt und welche Informationen er über seine Stimme und seinen Sprechberuf besitzt und welche noch fehlen.

Hier nur exemplarisch ein Beispiel einer Lehrkraft aus Oberfranken, das für alle andere stehen kann:

Die Lehrkraft (vgl. Fragebogen Nummer 010 im Anhang, s. S. 116) unterrichtet an einem Gymnasium die Schulfächer Englisch und Französisch vier bis sechs Unterrichtseinheiten (1 Unterrichtseinheit/UE = 45 Minuten) pro Tag in Schulklassen mit durchschnittlich 28 Schülern.

Besonders nach sechs Stunden Unterricht in lauten Klassen und kurz vor den Ferien empfindet sie Stimmprobleme, die sich in Symptomen wie Räusperzwang, Kloßgefühl, Trockenheit, Hustenreiz, Schmerzen im Hals, vermehrte Schleimbildung, Heiserkeit, Anstrengungsgefühl beim Sprechen und »Wegbleiben der Stimme« äußern. Um Symptome zu lindern, trinkt sie Tee oder Kaffee, lutscht Hustenbonbons, versucht, weniger zu sprechen und sich möglichst nicht zu räuspern.

Obwohl die Lehrkraft Vorwissen zur Schonung der Stimme durch Vorträge und Seminare besitzt, ist dieses nach ihrem Empfinden zu wenig. Sie will mehr über Stimmpflege, Zusammenhänge zwischen Atmung, Haltung und Stimme sowie Entspannungstechniken durch praktische Anleitungen erfahren. Ein medizinischer Befund von einem HNO-Arzt, Phoniater oder Logopäden liegt nicht vor.

Kommt Ihnen das mehr oder weniger bekannt vor? Freuen Sie sich, Sie sind nicht allein. »Willkommen im Club!«

Lehrerin beim Lesen: »*Na wunderbar. Habe ich mir schon gedacht. Nur redet keiner darüber. Ich weiß noch, als in der Referendarschule damals der Schauspieler zum Sprecherziehungsunterricht kam. Der meinte, wir sollen uns die Schüler wie einen Wald voller Bäume vorstellen und dann laut rufen: ›Ruhe bitte!‹. Das könnten wir im echten Wald ausprobieren. Mal abgesehen davon, dass Spazierengehen wirklich gesund ist und den Kopf frei machen kann, wer hat schon die Zeit dazu, denn wer korrigiert dann meine Hefte? Na, jedenfalls zeigen sich die aus der Neunten ziemlich unbeeindruckt. Dauert nicht lange, und ich könnte schon wieder schreien, aber da tut mir nachher der Hals total weh. Hätte wohl doch öfter in den Wald gehen sollen.*

Bin mal gespannt, was die hier für Tipps haben. Da gab es doch hinten noch ein Kapitel ›Alternativen zum Lautstärkemachtkampf‹ – das wäre wahrscheinlich meins ... Aber immer der Reihe nach. Mein Mann meint auch, ich soll die Zeitung nicht immer von hinten lesen. Aber der Lokalteil interessiert mich am meisten! Doch jetzt weiter im Buch.«

Es geht wahrlich nicht darum, zum Fachexperten in Anatomie und Physiologie zu werden und stundenlanges Stimmtraining zu betreiben. Nein, es sind die einfachen, praktischen Dinge, die individuell ausgewählt und umgesetzt werden (s. S. 28 ff., 36 ff. und 50 ff.).

Seien wir doch einmal ehrlich: Jeder weiß, wie er ein paar Kilos abnehmen kann, wie man die Rückentechnik verbessern oder sich gesünder ernähren kann. Wir wissen es, und doch fällt uns die Umsetzung ungeheuer schwer. Die meisten Programme lassen sich kaum in den Alltag integrieren, oder es hat uns einfach noch keiner gesagt, wie das genau geht.

Dieses Buch soll Lehrer, Referendare und Trainer selbst aktiv werden lassen. Unser Aufruf: Entdecken Sie Ihr Stimmpotenzial neu! Die Stimme ist das wichtigste Arbeitsinstrument in ihrem Beruf. Beobachten Sie und lernen Sie einzuschätzen und rechtzeitig mit den richtigen Mitteln zu reagieren, um Ihre Stimme bewusster und ausdauernder einsetzen zu können.

Eine verfrühte Berufsaufgabe, häufiger Unterrichtsausfall oder Seminarabsagen aufgrund von Stimmproblemen können vor allem durch diese präventiven Stimmmaßnahmen verhindert werden. Arztkontrollen und eine logopädische Therapie werden nur nötig, wenn die Maßnahmen langfristig nicht greifen sollten.

DES DEUTSCHEN LIEBSTES KIND … – WIE FUNKTIONIERT IHR STIMM-MOBIL®?

Des Deutschen liebstes Kind ist doch bekanntermaßen das Auto, so können wir es immer wieder lesen. Das pflegt und hegt jeder liebevoll. Doch was ist mit dem im Alltag wichtigen Kommunikationsinstrument, »der Stimme«? Die Stimme nutzen wir doch ebenso selbstverständlich wie unser Auto. Wir steigen ein, fahren und machen uns keine Gedanken darüber, wie es funktioniert … – außer es geht einmal nichts mehr!

Früher konnten wir noch selbst an Batterie, Zündkerzen und vielem anderen mehr herumschrauben. Doch wer es heutzutage wagt, die Motorhaube zu öffnen, ist ähnlich überfordert wie mit vielem in unserer Informationsgesellschaft. Wir sind froh, wenn wir selbstständig das Wischwasser nachfüllen können oder vielleicht gerade noch in der Lage sind, den Ölstand zu prüfen. Für den Rest benötigen wir Fachleute. Also ab in die Werkstatt.

Mit der Stimme haben Sie es da leichter! Auch wenn es sich zunächst etwas befremdlich anhört, Ihre Stimme und das Auto sind vergleichbar! Und bevor Sie mit Ihrem Stimm-Mobil® in die Werkstatt müssen, gibt es jede Menge Möglichkeiten, selbst etwas für eine bessere Fahrt zu tun!

Haben Sie sich jemals gefragt, wie Ihre Stimme eigentlich funktioniert? Oder gehören Sie zu der großen Gruppe der Menschen, die die Stimme zwar täglich intensiv in der Kommunikation nutzen, aber selten einen Gedanken darauf verwendet haben? Wissen Sie zum Beispiel, wie viele Stimmbänder an der Stimmproduktion beteiligt sind? Oder was genau Sie tun können, um klar und nicht knarrig oder heiser zu sprechen?

Vielleicht haben Sie schon das eine oder andere gehört. Erfahrungsgemäß wissen allerdings die wenigsten etwas über die spannende und komplexe Funktion und die Zusammenhänge des Sprechapparats. Aber: Erst mit diesem Wissen werden Sie zum wahren »Herr der Stimme«, denn nur dann können Sie gezielt an der Optimierung arbeiten. Keine Sorge, Sie bedürfen dazu keiner medizinischen Grundausbildung. Es ist viel einfacher und alltäglicher, als Sie vielleicht vermuten.

Wie gesagt, Stimme funktioniert so ähnlich wie Ihr Auto: Ein komplexes Zusammenspiel mehrerer Bereiche macht das Fahren erst möglich. Das Fahren mit Ihrem Stimm-Mobil®.

Also lassen Sie uns den Monteuranzug anziehen und unser Stimm-Mobil® begutachten! Motor und Getriebe, die maßgeblich die Stimmqualität beeinflussen, werden im Folgenden kurz erläutert. Sie sind das Herzstück des Fahrzeugs und die Grundlage zur Stimmerzeugung.

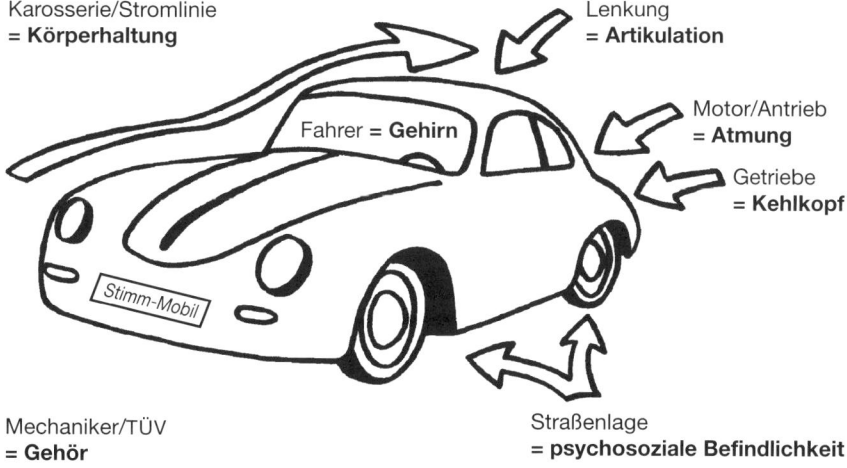

Das Stimm-Mobil® nach Gutzeit (2008)

Motor, Getriebe, Karosserie – Atmung, Haltung, Stimme

Motor, Getriebe und Karosserie – genau da liegt der entscheidende Zusammenhang zwischen Atmung, Haltung und Stimme für den Sprechvorgang und die Stimm-Mobil®-Fahrt.

Es gibt leider noch kein Allheilmittel, das der Arzt gegen Stimmprobleme verordnen könnte. Es liegt vieles an einem selbst und daran, wie man mit seinem Körper umgeht.

Genauso wie Hochleistungssportler jeden Tag trainieren, um eine gesunde, ausdauernde Leistung zu erbringen, muss das Werkzeug »Stimme« für einen Sprechberuf trainiert und vor allem gepflegt werden. Das Stimm-Mobil® bedarf für den optimalen Lauf einer gewissen Wartung und eines achtsamen Umgangs.

Kennen Sie aus manchen Filmen den Chauffeur, der mit Stoffhandschuhen und verklärtem Blick liebevoll über den Lack des Rolls Royce streicht? Diese Einstellung zu Ihrem Stimm-Mobil®, zu Ihrem wichtigen Werkzeug im Beruf, ist nachahmenswert!

Für Sie ist deshalb interessant, einen Überblick über *Grundlagen und Vorgänge der Stimmerzeugung* zu besitzen, um Ursachen für Probleme zu erkennen und dann gezielt an der Stimme arbeiten zu können. Stimme entsteht kurz gesagt durch das Zusammenwirken von Atmung (Motor), Haltung (Karosserie) und den Schwingungen der zwei Stimmlippen (Getriebe), umgangssprachlich als »Stimmbänder« bekannt.

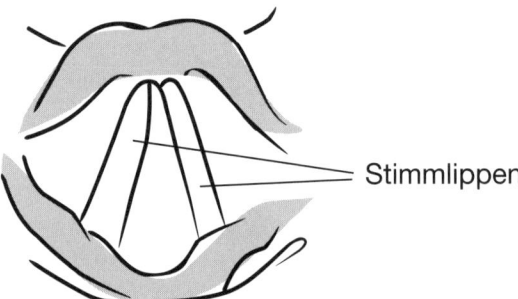

Die Stimmlippen

Die Stimmlippen bestehen aus Bindegewebe, Muskulatur und Schleimhaut. – Klingelt es bei Ihnen?! Stimme hat etwas mit Muskulatur zu tun. Muskeln sind trainierbar! Die Frage ist: »Wie?«. Wie das genau geht, dazu kommen wir später.

Die Stimmlippen befinden sich im Kehlkopf, einem Knorpel- und Muskelsystem, und liegen waagrecht über der Luftröhre, wie ein Ventil.

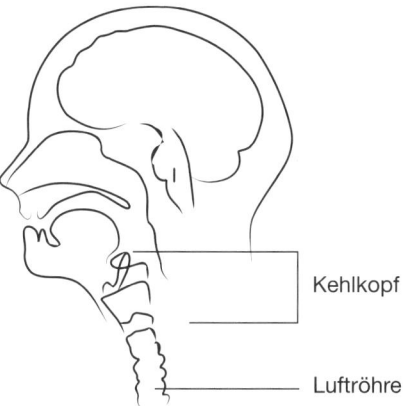

Der Kehlkopf

Der Stimmgebungsablauf ist vergleichbar mit einem aufgeblasenen Luftballon (Lunge), dessen Hals (Stimmbänder) man querzieht, worauf Luft entweicht und es quietscht, ein Ton entsteht. Das haben wir als Kinder gerne gemacht, Sie auch?

So einfach funktioniert die Tonerzeugung zum Sprechen! Ergo ist Stimme zunächst nichts weiter als ausgeatmete »heiße Luft«.

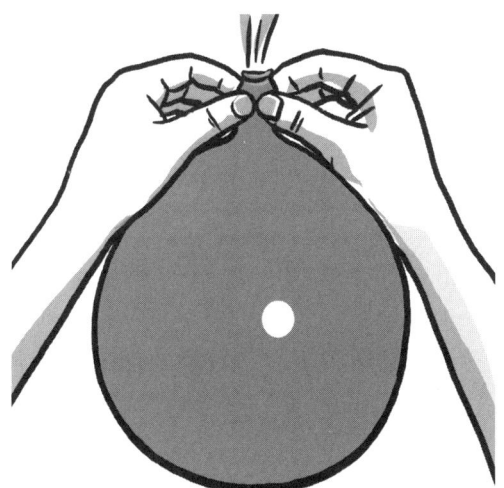

Interessanterweise glauben viele Menschen, die Stimmlippen seien senkrecht im Hals und würden zur Stimmerzeugung angezupft. Fragen Sie einmal in Ihrem Freundes- und Bekanntenkreis danach und glänzen Sie dann mit Ihrem Wissen! Sie werden überrascht sein, die Wenigsten haben eine Ahnung davon, wie Sprechen eigentlich funktioniert.

Wir dürfen Sie beglückwünschen, denn Sie gehören nun mit Ihrem Wissen zur »Elite Deutschlands«, großzügig geschätzten zehn Prozent der erwachsenen Deutschen, die wissen, wie Stimme und Sprechen funktionieren.

Warum man so etwas Wichtiges und Grundlegendes nicht in der Schule lernt, ist uns ein Rätsel. Allerdings hätten wir dann auch nicht so viel Neues zu erzählen.

Also halten wir noch einmal fest: Sie atmen, der Motor läuft, sie legen einen Gang ein, der Kehlkopf geht in Sprechposition und legt fest, ob Sie mit 80 km/h noch im dritten Gang laut röhrend durch die Gegend fahren, oder entspannt im vierten Gang cruisen.

> Das bedeutet: Die Spannung der Stimmlippen bestimmt die Stimmlage – hoch oder tief. Je stärker die Stimmlippen gespannt sind, umso höher ist der Ton. Je gleichmäßiger sie schwingen, umso klarer ist der Stimmklang.
>
> Ideal ist da natürlich der mittlere Spannungsbereich; in dem fahren Sie am ökonomischsten. Beim Automotor sind das ungefähr 2.500–3.000 Umdrehungen pro Minute.

Bei Ihrer Stimme ist der »Wohlfühlbereich« die Tonlage, die der Kehlkopf am leichtesten anschlägt, und das passiert, wenn Sie uns zum Beispiel zustimmen, nicken und dabei locker, ungesteuert, eher nachdenklich »mhm« sagen. Oder Sie stellen sich Ihr Lieblingsessen vor, wie es riecht, wenn Sie in die Küche kommen, wie es angerichtet auf dem Teller aussieht und wie es schmeckt, und machen wieder: »mmmmm«.

Bleiben Sie, wenn Sie sprechen, nicht monoton in dieser Tonlage, aber kehren Sie, besonders in sprechanstrengenden Situationen, immer wieder in diese Tonlage zurück.

Aus dem Ton formt die Artikulation, die Lenkung ein Wort. Dazu braucht es selbstverständlich einen Sprechplan, also vor dem Sprechen Hirn einschalten! Das Gehirn ist vergleichbar mit dem Fahrer. Der weiß, wo es langgeht, auch wenn man bei manchen Rednern nicht den Eindruck hat.

Das Gehör prüft das Gesagte. Es ist wie der TÜV oder der Werkstattleiter, der uns darauf aufmerksam macht, wenn mit dem Motor etwas nicht stimmt, es im Getriebe knarrt oder er uns auf andere ungewöhnliche Geräusche aufmerksam macht. Wenn sozusagen Un-stimmigkeiten auftreten. Schließlich beeinflussen Körperhaltung und psychosoziale Befindlichkeit den Stimmklang, zum Beispiel bei Stress oder bei Lampenfieber. Ausführlicheres zum Thema Stimm-Mobil® finden Sie im Buch: »Die Stimme wirkungsvoll einsetzen« (Gutzeit 2008, S. 14 ff.).

Uns soll hier dieser kurze Ausflug in die Funktionsweise der Stimme genügen.

»Sapralott, da verwendet man die Stimme sein Leben lang und hat doch keine Ahnung! Da wären einige Fragen für Günther Jauchs ›Wer wird Millionär‹ drin. Bei der Lage der Stimmbänder im Kehlkopf würde der Publikumsjoker sicher nicht viel nützen. Ich sollte ihm mal mailen.«

Damit Sie selbst einige »kleinere Reparaturen« und ein wenig »Tuning« vornehmen können, erhalten Sie im Folgenden Tipps, Übungen und Anregungen für den optimalen, störungsfreien Gebrauch Ihres Stimm-Mobils® im Klassenzimmer und im Seminarraum.

Allzeit gute Fahrt!

ÜBERLEBEN IM SPRECHALLTAG – »VIER GEWINNT!«

Für uns als Trainer und Logopäden ist es immer wieder verblüffend, auf welch einfache Dinge die Stimme positiv und durchhaltefähiger reagiert. Wir möchten sie Ihnen hiermit als schnelle Hilfe im Alltag an die Hand geben. Wenn Sie konsequent auf die folgenden vier Maßnahmen achten, haben Sie schon viel auf dem Weg zur ausdauernden Stimme gewonnen. Damit Ihnen die Punkte in »Fleisch und Blut« übergehen, erklären wir Ihnen, warum es so wichtige Aspekte sind.

Erstens: Husten statt Räuspern

Das haben Sie sicher schon irgendwo gehört. Doch bevor wir zur Anwendung kommen, sollten wir uns zunächst fragen, warum wir überhaupt räuspern.

 Meist sagen Seminarteilnehmer oder Patienten auf diese Frage, dass sie das Gefühl haben, die Stimme in Schwung bringen zu müssen, dass ein Kloßgefühl im Hals ist, dass sie damit Aufmerksamkeit erzeugen wollen (tolles Geräusch, hinterlässt bestimmt einen guten Eindruck) oder dass sie einfach nicht anders können. Das heißt sie räuspern aus Gewohnheit oder Nervosität.

Es gibt Kehlköpfe, die stecken das Räuspern locker weg. Doch die meisten bekommen Probleme. Räuspern ist, als würden Sie Schnee schippen und dabei die Asphaltdecke mit wegräumen. Die Schleimhäute werden zusätzlich gereizt und es kommt zu viel Spannung ins Muskelsystem.

Bei den meisten Räuspernden ist zu beobachten, dass es nicht bei einem Räuspern bleibt. Es dauert nicht lange, und derjenige räuspert wieder und nach kürzerer Zeit wieder, so geht das immer weiter. Der Räuspernde befindet sich in einem Teufelskreis.

Die Schleimhäute auf den Stimmlippen melden nach dem Räuspern ans Gehirn: »Hallo, uns fehlt Schleim!« (wurde ja viel weggeräumt). Das Gehirn nimmt das sehr ernst und ordnet Mehrproduktion an. Tja, dann geht es so richtig los.

Probieren Sie es einmal ganz bewusst aus. Zunächst leichtes Abhusten. Spüren Sie im Hals, wie es sich danach anfühlt. Es kann sein, dass Sie allein schon darüber nachdenken müssen, wie man leicht abhustet. Einfach probieren. Sie werden es merken. Allerdings gibt es dabei doch etwas Wichtiges zu beachten: Das Husten muss weich sein! Und ihm darf kein Räuspern folgen. Das wäre »doppelt gemoppelt«, passiert aber relativ leicht. Nun räuspern Sie und achten Sie auf das Nachgefühl. Häufig wird rückgemeldet, das fühle sich rauer an, klinge länger nach. Räuspern benötigt viel mehr Kraft, auch wenn es im ersten Moment hilfreich erscheint.

Sollte nach dem leichten Abhusten noch ein Bedürfnis zum Räuspern vorhanden sein, so lässt das vermuten, dass Sie eine Muskelanspannung oder Schleimhautreizung merken. Der Kehlkopf ist leider nicht in der Lage, zwischen Schleim und Verspannung zu unterscheiden. Er meldet nur: »Da ist was!«. Verschleimung lässt sich abhusten. Verspannung nicht. Sie wird durch Räuspern nicht besser, sondern schlechter!

Nun ist es an Ihnen, auszuprobieren und herauszufinden, was Ihr Kehlkopf wirklich meint. Räuspern Sie nicht, husten Sie leicht ab oder schlucken Sie und werden Sie zum »Kehlkopfversteher«. Wir glauben, das ist leichter, als würden Männer versuchen, zu »Frauenverstehern« zu werden.

»Das glaube ich sofort. Meiner ist kilometerweit vom Frauenversteher entfernt. Und das, obwohl ich zum Beispiel immer wieder mit Engelszungen klarstelle, dass mir heute Abend nach zweistündiger Heftkorrektur eine Massage enorm guttäte und mich positiv motivieren würde, für was auch immer. Er könnte es mir inzwischen ansehen, tut er aber nicht.
Weich husten … wie stellen die sich das vor?! Ich habe manchmal das Gefühl, als würde der Kloß vom Sonntagsessen noch im Hals stecken, und manchmal ist es, als hätte ich Säure getrunken. Mein Hals schreit nach Räuspern. Aber es stimmt schon, langfristig hilft das nicht. Wenn ich nur an den neuen Kollegen denke. Der räuspert im Lehrerzimmer herum, egal, ob er spricht oder nicht. Und wie laut! Das ist fast Lärmbelästigung am Arbeitsplatz! Ich glaube aber, der merkt es selbst gar nicht. Die armen Schüler! Vielleicht sollte ich das Buch einmal unauffällig aufgeschlagen auf dem Tisch liegen lassen. Und überhaupt, wie oft räuspere ich mich eigentlich? Das sollte ich unbedingt in der nächsten Zeit beobachten.«

Zweitens: Über den Tag verteilt viel trinken

Dieser Tipp ist höchstwahrscheinlich keine absolute Neuheit. Jeder weiß heute, dass ausreichend trinken wichtig ist. Ihr Hausarzt wird es ebenfalls befürworten. Durchschnittlich eineinhalb bis zwei Liter helfen, den Stoffwechsel in Gang zu halten und unter anderem die Schleimhäute feucht zu halten.

Und das ist der für uns interessante Aspekt! Denn Trockenheit ist eines der meistgenannten Symptome bei Belastungen der Stimme.

Es ist wie bei einem gut geölten Motor. Er läuft einfach besser.

Nachdem Sie das Stimm-Mobil® kennengelernt haben, wissen Sie, dass die Stimmlippen mit Schleimhaut überzogene Muskeln sind. Die Atemluft durch Mund oder Nase strömt dabei schon an Schleimhäuten vorbei und trocknet diese aus, beziehungsweise reichert sich da mit Feuchtigkeit an. Trifft die Luft dann auf die Stimmlippen, werden diese nicht ausgetrocknet.

Sind Ihre Nasen- und Mundschleimhäute allerdings aufgrund mangelnden Trinkens zu trocken, holt sich zum Beispiel die eingeatmete trockene Heizungsluft im Winter die Feuchtigkeit von den Stimmlippen. Das führt zu Husten- oder Räusperzwang.

Entscheidend ist natürlich, *was* Sie trinken. Alkoholische und zuckerhaltige Getränke sowie schwarzer Tee und Kaffee trocknen die Schleimhäute eher aus und unterstützen somit den Räusper- und Hustenzwang. Spülen Sie mit stillem Wasser nach, wenn sie auf Kaffee nicht verzichten möchten. Wasser, Schorlen oder Tees sind besser. Vorbeugend stellen Sie sich während des Unterrichts oder eines Vortrags stilles Wasser bereit und trinken immer einen Schluck, wenn es Ihnen in den Blick kommt. Somit nehmen Sie besonders bei Sprechanstrengung genügend Flüssigkeit zu sich und befeuchten die Schleimhaut im Mund-, Rachen- und Kehlkopfbereich.

Zu Hause sollten Sie das absprechen, denn sonst kann es Ihnen wie einem Patienten ergehen, der sich wunderte, wie schnell die Flaschen leer getrunken waren. Bis er merkte, dass seine Frau die gleichen Flaschen nutzte und somit jeder eigentlich nur die Hälfte konsumiert hatte.

Wir kennen inzwischen viele Lehrkräfte, die gelegentliches Trinken im Unterricht erlauben und sich damit selbst sowie den Schülerinnen und Schülern die Möglichkeit zur Schleimhautbefeuchtung geben. In Seminaren stehen in der Regel genügend Getränke zur Verfügung.

Drittens: Ausgewogene Mund- und Nasenatmung

Achten Sie während des Sprechens einmal darauf, wie oft Sie durch die Nase Luft holen wie oft durch den Mund. Während Sie jetzt lesen, ist der Mund wahrscheinlich geschlossen. Die Atmung läuft automatisch durch die Nase. Spüren Sie dem Luftweg bewusst vier Atemzüge lang nach. Im Vergleich dazu öffnen Sie nun den Mund und holen vier Mal durch den Mund Luft. Merken Sie den Unterschied? Der Hals und der Mundraum trocknen schneller aus, es tritt manchmal sogar ein Husten- oder Räusperreiz auf.

Die Nasenatmung hat die Aufgabe, die Atemluft zu reinigen, zu befeuchten und zu erwärmen. Der Mund tut das nur in geringem Maße. Vor allem die Reinigung durch die Nasenhärchen entfällt, selbst wenn böse Zungen behaupten, es gäbe Menschen mit Haaren auf den Zähnen.

In der Praxis ist uns aufgefallen, dass die meisten Sprecher während des Sprechvorgangs überhaupt keine Nasenatmung nutzen. Der Mund ist zum Sprechen sowieso geöffnet und das Luftholen erfolgt dann eben einfach und schnell durch den Mund – und das sechs bis acht Stunden am Tag (mit kleineren oder größeren Pausen)!

Viele neigen bei Erklärungen oder Aufzählungen außerdem dazu, keine Punkte zu machen. Das bedeutet, sie gehen mit der Stimme am Ende des Satzes nicht runter. Punkt. Sie sprechen einfach weiter und lassen die Stimme erhoben, als ob der Satz noch weiterginge.

Beobachten sie das einmal bei sich und bei anderen. Man hört den »Brustton der Überzeugung«, wenn der Sprecher Punkte macht und die Stimme dabei absenkt, oder eben nicht, wenn der Redner klingt, als würde er sich nach jedem Satz selbst hinterfragen (»wirklich?«).

> Unserer Erfahrung nach liegt ein deutliches Durchhaltepotenzial für die Stimme in der ausgewogenen Mund- und Nasenatmung während des Sprechens. Verbunden mit der Stimmabsenkung zum Aussagesatz am Satzende, gelangt die Stimme in den Brustton der Überzeugung und damit in den mittleren Sprechstimmlagenbereich (optimale Spannung).

Das bedeutet: Nutzen Sie die Punkte und machen Sie eine kurze Pause, um den Mund zu schließen und die Luft durch die Nase zu holen. Ist die Nase wegen Schnupfens verstopft oder stört Sie das anfangs starke Atemgeräusch, legen Sie Ihre Zungenspitze in der Sprechpause hinter die oberen Schneidezähne und atmen so durch den Mund. Die Zunge erwärmt und befeuchtet die vorbeiströmende Atemluft dann besser.

Das bewusste Atmen durch die Nase ist anfangs sicher gewöhnungsbedürftig und es kommt einem vor, als würde man viele, ungewohnt lange Pausen einfügen. Wundern Sie sich nicht, wenn Sie erst einmal Luft ziehen »wie ein Stier«. Das ist Übungssache. Häufig passiert es, dass Sie zwar brav mit der Nasenatmung beginnen und dann im letzten Moment vor Sprechbeginn durch den Mund nach Luft schnappen. Das verflacht die Atmung und Ihnen fehlt langfristig Luft.

Hier gilt das Gleiche wie bei den anderen Punkten: Erst einmal beobachten, wie Sie es im Alltag gewohnheitsgemäß machen, und nicht frustrieren lassen, wenn es sich nicht gleich verändern lässt. Das geht dann eben schrittweise, aber es geht. Sie werden es sehen und auch spüren. Weitere Anregungen dazu finden Sie auf Seite 61.

Viertens: Körperhaltung

> Eine aufrechte Körperhaltung erfüllt mehrere Zwecke:
>
> - Sie ermöglicht einen guten Atemfluss aufgrund der Beweglichkeit des Zwerchfells.
> - Die Wirkung auf die Zuhörer ist positiv, man stellt auch körperlich etwas dar.
> - Der Kehlkopf ist im Hals senkrecht aufgehängt und erfährt somit keinen Druck von der Wirbelsäule. Die Spannungsverhältnisse der Muskulatur sind ausgewogen.

Der Mensch hat die Tendenz zu Fehlhaltungen. Nicht umsonst gibt es die vielen Angebote in Fitnessstudios und ähnlichen Einrichtungen, um dem entgegenzuwirken. So lautet beispielsweise ein Slogan bei Kieser-Training: »Ein starker Rücken kennt keine Schmerzen«. Ein starker Kehlkopf auch nicht. Damit Letzterer optimal funktionieren kann, braucht er eine aufrechte, unverkrampfte Körperhaltung.

Betrachten Sie Ihre Haltung im Vorbeigehen im Spiegel oder in Schaufenstern oder Raumfenstern – ähnlich wie die junge Dame bei der Werbung für ein »schlankes Produkt«. Wie aufrecht und locker sind Sie?

Genauso interessant ist es, eine Zeichnung von sich anzufertigen. Wie fühlen Sie Ihre Haltung täglich? Wie glauben Sie, sehen andere Sie? Laufen Sie schief oder gibt es zum Beispiel hochgezogene Schultern …? Dann sollten Sie schleunigst etwas dagegen tun. Anregungen dazu finden Sie ab Seite 64.

»Na ja, das mit der Körperhaltung predige ich meinen Seminarteilnehmern sowieso. Ich muss aber zugeben, dass ich es noch nie mit der Stimme in Verbindung gebracht habe. Das wäre beim Vortrag natürlich wichtig. Zwei Fliegen mit einer Klappe sozusagen: Erstens aufrecht, um etwas darzustellen. Denn wer glaubt schon einem, der da vorne steht wie ein wandelndes Fragezeichen oder noch schlimmer, wie ein Häuflein Elend, oder wie einer, der auf der Flucht ist. Ich erinnere mich an einen Lehrer in der Schule, den haben wir Schüler einfach nicht ernst genommen. Das hing vielleicht mit seiner luschigen Körperhaltung zusammen. Wie der morgens schon reinkam! Energie hat der nicht ausgestrahlt und das haben wir schamlos ausgenutzt. Und stimmlich konnte der sich ebenso wenig durchsetzen. Muss ich im Seminar unbedingt noch als Aspekt mit einbauen: Wenn alles nichts nützt, die Stimme wird von der aufrechten Körperhaltung unterstützt.«

Selbstverständlich gibt es in den anderen Bereichen des Stimm-Mobils® ebenso Möglichkeiten, das Durchhaltevermögen und den Einfluss auf die eigene Stimme und deren Klang zu verbessern. Die hier aufgeführten vier Punkte sind der erste Schritt und relativ schnell umsetzbar. In den folgenden Kapiteln erhalten Sie weitere Anregungen für Übungen, Beobachtungen und Tipps, damit Sie eine Auswahl haben und individuell für sich Punkte herausnehmen können, die Ihnen wichtig, interessant und lernenswert erscheinen.

WARUM SCHEINT DER TRANSFER SO SCHWER?

Eine Frage, die Sie sich vielleicht genau wie wir nicht zum ersten Mal stellen, lautet: Warum klappt es mit dem Transfer in den Alltag nicht? Es erscheint einem doch eigentlich alles ganz logisch, sinnvoll und hilfreich. Warum funktioniert das nicht sofort automatisch, ohne viel nachdenken zu müssen? Oder? Jetzt wissen Sie doch, wie Sie Ihre Stimme besser nutzen können. Also, warum klappt das immer noch nicht?

Kurz gesagt: Weil wir meist zu früh mit dem Lernen wieder aufhören. Eigentlich lernen wir unser Leben lang. Bei manchen Dingen gelingt es uns, sehr schnell zu lernen und sie umzusetzen. Andere Dinge fallen uns schwerer, und das Alter scheint auch eine gewisse Rolle zu spielen, glaubt man den Aussagen einiger Leute: »Dafür bin ich zu alt, das lerne ich nicht mehr.« Obwohl die Hinforschung mittlerweile das Gegenteil bewiesen hat.

Trotzdem: Wie beneidenswert sind da die Kinder. Wenn Sie das bei ihren eigenen Kindern erleben durften, wissen Sie, wovon wir sprechen. Sie kommen mit nichts als dem Vermögen auf die Welt, im richtigen Moment, zum Beispiel bei Hunger, zu schreien, sie kommen auf die Welt mit ein paar Reflexen, die sie mit der Zeit wieder verlieren, und der Fähigkeit, das Gegessene »zu entsorgen«.

Es ist erstaunlich, was die Kleinen alles lernen, von der Bewegung, über soziales Verhalten, das an manchem anscheinend spurlos vorübergehen kann, bis hin zur Sprache, mit allem, was dazugehört! Und das in vergleichsweise kurzer Zeit! So komprimiert gelingt das in den Folgejahren leider nicht mehr.

In vielen Bereichen fällt es uns zunehmend schwerer, etwas Neues zu lernen und das Gelernte umzusetzen.

Das mag mit dem »Machtfaktor Gewohnheit« einiges zu tun haben. Der innere Schweinehund, den es zu überwinden gilt, wenn es anfangs nicht sofort klappt und man doch weitermachen möchte, dieser Schweinehund ist wandelbar: vom sanften Schoßhund zur rasenden Dogge. Wie ein geschulter Schauspieler beherrscht manch einer dieser Schweinehunde viele Rollen und macht seinem Besitzer die Überwindung schwer. Sie kennen das Phänomen mit den guten Vorsätzen zum Jahreswechsel?! Wer wollte nicht schon einmal mehr Sport machen, weniger essen oder mit dem Rauchen aufhören?

Eckart von Hirschhausen verwendet dazu in seinem Buch »Glück kommt selten allein« (2009) – übrigens sehr empfehlenswert und amüsant zu lesen – einen interessanten Vergleich:

»Das Bewusstsein ist wie ein Reiter auf einem Elefanten. Der Dickhäuter ist das Unterbewusstsein: unsere ganzen automatischen Handlungen und Assoziationen, von denen wir das Wenigste mitbekommen, die aber sehr mächtig sind. Und wenn der Reiter in eine ganz andere Richtung will als der Elefant, zeigt sich schnell, wer der Stärkere von den beiden ist. Elefanten bringt man am besten nicht mit Gewalt zur Vernunft, sondern mit kleinen Belohnungen und indem man immer wieder übt, bis es auch dem Dicken in Fleisch und Blut übergegangen ist.« (S. 68)

Der Übergang vom Bewussten ins Unbewusste, ins Automatische, die Integration des Gelernten in den Alltag, ohne groß darüber nachdenken zu müssen, das ist interessant. Nicht nur für uns selbst. Als Lehrende, Trainer und Therapeuten haben wir natürlich genauso Interesse daran, dass unseren Schülern, Seminarteilnehmern, Patienten oder Zuhörern der Transfer gelingt, dass »etwas hängenbleibt«, Lernergebnisse gesichert werden, Verhaltensänderungen stattfinden …

Dafür bietet die Wissenschaft, im Speziellen der Konstruktivismus, sehr viele spannende Ansätze, die uns und anderen das Lernen und den Übertrag von Wissen in den Alltag erleichtern.

Dazu gibt es eine Unmenge an Literatur und fleißige Forscher mit interessanten Ergebnissen. Wir greifen hier exemplarisch das heraus, was uns für Sie in Ihrem beruflichen Alltag als Lehrende und mit dem Wissen aus diesem Buch als Lernende relevant erscheint.

Uns ist zunächst aufgefallen, dass sich bei der *Umsetzung der Erkenntnisse* aus Coaching, Unterricht, Therapie und Seminaren immer wieder *drei Schritte* zeigten. Hier am Beispiel »Nicht Räuspern« festgemacht:

Erster Schritt: Es wird Wissen erworben. »Räuspern ist nicht gut für den Kehlkopf und die Stimme.«
Zweiter Schritt: Beobachten. Trotz des besseren Wissens ertappen sich die Leute beim Räuspern, beim alten Verhalten. Interessanterweise hören an dieser Stelle viele zu lernen auf. Es kommt nicht zum Transfer in den Alltag, denn sie sind frustriert. Sätze wie: »Das lerne ich nie« oder »Ja, ich weiß schon, aber es klappt nicht, ich muss räuspern«, hören wir hier oft.

Was sie nicht merken, ist die Tatsche, dass sie jetzt erst richtig zu lernen beginnen können. Denn jetzt fällt ihnen immerhin auf, wie häufig sie räuspern. Vorher haben sie es auch getan, aber es war ihnen überhaupt nicht bewusst. Um bei von Hirschhausens Bild mit dem Elefantenritt zu bleiben: Der Elefant läuft bei Schritt zwei sozusagen ungesteuert durch den Urwald. Nun erst beginnt der Reiter sich Gedanken über den Weg zu machen, denn er hat vorher eine Karte gesehen, die ihm den Weg weist, also Wissen erworben.

Dritter Schritt: Verhalten ändern. Machen die Leute weiter, das heißt, sie beobachten sich weiter und reflektieren sich und ihr Verhalten, dann kommt es relativ schnell zur Verhaltensänderung, zur Verbesserung des bisherigen Verhaltens, indem sie das erworbene Wissen anwenden. Und es ersetzt alte Verhaltensweisen, bevor sie wie gewohnt auftreten. In unserem Fall wird das Räusperbedürfnis erkannt und durch Trinken, Schlucken, leichtes Abhusten oder einfach Weitersprechen ersetzt.

Diese drei Schritte finden häufig im Leben statt. Überlegen Sie einmal, ob das nun um das Autofahren ging, Tanzschritte lernen, PC bedienen, diplomatischen Umgang in kritischen Gesprächen … Es sind immer diese drei Schritte.

Wie erfreut waren wir, als wir bei Recherchen darauf stießen, dass diese Schritte nicht nur uns aufgefallen sind. Zu unserer größten Freude sind sie wissenschaftlich belegt und haben sogar einen Namen: John R. Anderson erforschte das Zusammenspiel von deklarativem Wissen (Faktenwissen, »Wissen, dass«) und prozeduralem Wissen (Know-how, »Wissen, wie«) und deren Umwandlung in Lernprozessen. Daraus entstand mit vielen Experimenten und Simulationen untermauert die ACT-Theorie (Adaptive Control of Thought). Klingt doch besser als »Drei-Lernschritte-Modell«.

In dieser Theorie wird gezeigt, wie Fertigkeiten dadurch eingeübt und automatisiert werden, dass die aufwendige Verarbeitung des Faktenwissens nach und nach durch die Möglichkeit zum Einsatz schnell anwendbarer Routinen ersetzt wird (vgl. Hans Gruber »Lernen und Wissenserwerb« in: Schneider/Hasselhorn 2008).

Noch mehr hat uns begeistert, dass Anderson in der dritten Stufe von »Tuning« spricht, und das deckt sich hervorragend mit unserem Stimm-Mobil®. Deshalb stellen wir Ihnen hier die drei Stufen des Lernens und des Fertigkeitserwerbs vor, auch als Anregung für Ihre eigene Lehrtätigkeit!

> **ACT-Theorie nach Anderson (1982)**
> 1. Deklarative Stufe: Hier wird Faktenwissen oft mühsam erworben (gelesen, im Unterricht oder Seminar gehört ...)
> 2. Kompilation: Das erworbene Wissen aus der vorigen Stufe wird in diesem zweiten Schritt über wiederholte Übung in schnell anwendbares »Wissen, wie«/prozedurales Wissen überführt.
> 3. Tuning: Das, was sich als erfolgreich erweist, wird in dieser Stufe gestärkt und Regeln, deren Anwendung zu Misserfolg führen, werden eliminiert.

Lassen Sie sich also nicht frustrieren, wenn Sie bei Stufe zwei angelangt sind und noch nicht immer alles so klappt, wie Sie es sich vorstellen. Klopfen Sie sich auf die Schulter und loben Sie sich selbst dafür, dass Sie Stufe eins schon geschafft haben, in der zweiten Lernstufe nun vieles wahrnehmen und dass Sie Fehler jetzt selbst erkennen können. Bleiben Sie dran und freuen Sie sich auf die Stufe drei!

Damit wir unseren Elefanten mühelos steuern können und nicht schon vorher im Urwald verzweifelt aufgeben, finden Sie in den folgenden Kapiteln genügend Anregungen, die Ihnen das Erreichen der Stufen erleichtern und den Spaß am Beobachten, Lernen und Verändern wecken wird.

Nicht vergessen: Wenn Sie dann am Ende des Buches angelangt sind, kehren Sie bitte zum Ausgangsfragebogen und Frage drei (s. S. 18) zurück und legen Sie schriftlich Ihre individuellen Beobachtungsschwerpunkte und Umsetzungsziele fest.

Vielleicht erinnern Sie sich an die Möglichkeit zum Download der Stimm-Mobil®-Klebepunkte (s. S. 16). Diese können Sie ebenso hervorragend im Alltag verwenden, um sich an eben diese Punkte zu erinnern: an Dinge, die Ihnen für den gezielten Einsatz Ihrer Stimme wichtig sind. Dann klebt zum Beispiel ein Punkt auf dem Stiftmäppchen, auf dem Handy und an anderen wichtigen Stellen oder Gegenständen.

Sie haben das Aufschreiben und Erinnern vielleicht schon dem einen oder anderen Schüler oder Seminarteilnehmer nahegelegt, um sich beispielsweise Vokabeln besser einzuprägen oder bei Vortragstechnik auf die eigene Körpersprache zu achten. Das können Sie mit folgenden Tipps ergänzen.

Zwei Tipps für eine gelungene Umsetzung Ihrer Vorhaben

Tipp 1: Aufschreiben ist das eine, es sich merken das andere. Wiederholung wirkt da Wunder. Nutzen Sie deshalb jede Gelegenheit, um sich das Vorgenommene im wahrsten Sinne des Wortes vor Augen zu führen. Von einer Lehrerin erhielten wir dazu den einleuchtenden Tipp, sich wichtige Dinge mit einem Zettel – Sie verzeihen – an der Toilettenwand einzuprägen. Für viele ist das eine ruhige und sonst wenig genutzte Zeit. Außer dass man die Wand anstarrt und erledigt, was erledigt werden muss, hat man auf der Toilette nichts anderes zu tun als eben die Wand anzustarren. Somit ist dies eine ausgezeichnete Gelegenheit, sich nebenbei etwas einzuprägen.

Ähnliche Möglichkeiten sind ein Zettel morgens am Spiegel oder an der Kühlschranktüre.

Tipp 2: Lern- und Merkseminare verweisen immer wieder auf die Kraft der Bilder und Orte, das heißt, Dinge, die einem wichtig sind, mit einem Bild zu verbinden, oder Orte abzugehen und dort die Punkte zu vermerken (haben Sie Schülern zum Lernen vielleicht selbst bereits empfohlen?).

Eine schöne Möglichkeit des Bildes haben Sie für Ihre Stimme mit dem Stimm-Mobil® erhalten, denn es bietet bei jeder Autofahrt die Erinnerung an den Gebrauch Ihrer Stimme und stärkt Ihr Bewusstsein als Vorstufe für gezielten Einsatz.

Nun können Sie zum Beispiel im Zimmer noch Zettel verteilen, auf denen Sie die Ihnen wichtigen Punkte notiert haben, und diese Zettel ablaufen oder die Übungen machen. Oder Sie stecken einen Zettel in den Geldbeutel, einen unter die Sonnenblende im Auto, einen in die Arbeitsmappe, einen ans Telefon, einen kleben Sie an den Türstock … Über die Markierungspunkte (zum Beispiel auch Stimm-Mobil®-Klebepunkte) entscheiden Sie. Wichtig ist nur, dass Sie so oft wie möglich daran erinnert werden, worauf Sie achten wollen, damit Ihre Stimme in Zukunft noch besser durchhält.

Viel Spaß beim Ausprobieren!

Alles klar?! – Wahrnehmen, ausprobieren, automatisieren

»ES IST NOCH KEIN MEISTER VOM HIMMEL GEFALLEN«

Kennen Sie die Oma, die für jede Situation den passenden Spruch hat? »Übung macht den Meister« ist noch eine der harmlosen Varianten. Man will es aber nicht üben, man will es schon können! Im Laufe des Lebens lernt man dann, dass Omas erstaunlich oft Recht behalten und dass Üben auch Spaß machen kann.

In Seminaren taucht häufig die Frage auf: »Gibt es nicht ein Buch mit Übungen für eine gute Stimme, die ich so ganz nebenbei machen kann?« Diesem vielfachen Wunsch werden wir hiermit gerecht.

Meistens geht es gar nicht darum, gleich in großen Schritten etwas zu verändern, sondern erst einmal wahrzunehmen, was bei einem selbst los ist. Im nächsten Schritt kann man dann umso leichter Verbesserungen einleiten. Immer mit dem Ziel, die Stimme im Alltag durchhaltefähiger und gezielt interessanter einsetzen zu können. Einfach ausprobieren. Fehler und Lachen sind erlaubt. Und nehmen Sie sich nicht zu viel auf einmal vor. Probieren Sie besser einzelne Punkte nacheinander aus (vgl. S. 42 ff.).

Die folgenden Kapitelabschnitte enthalten kurze, einfache Übungen und viele Anregungen, die sich gut in den Tagesablauf integrieren lassen. Was wir hier erläutern, hat sich über Jahre bewährt, bei uns selbst, bei Patienten, Seminarteilnehmern und Coachees. Es ist eine Ergänzung zu »Vier gewinnt« (s. S. 36 ff.) und bietet eine bunte Mischung, in der jeder das für ihn Richtige finden kann. Sozusagen ein Werkzeugkoffer, aus dem Sie sich je nach Situation bedienen können.

An dieser Stelle danken wir allen unseren Kollegen, die mit ihrem Wissen zu dieser Auswahl beigetragen haben (s. Literaturverzeichnis).

Konkrete Übungen, die wir aus verschiedenen Quellen zusammengestellt und für Sie teilweise modifiziert haben, stehen in Kästen. Die Anregungen zum Beispiel für Beobachtung oder schnelles Reagieren im Tagesgeschehen sind dazwischen erläutert.

Die Auswahl ist eine gute Ergänzung zu den Übungen aus dem Buch mit Stimmübungs-CD »Die Stimme wirkungsvoll einsetzen« (Gutzeit 2008) und umgekehrt.

ZEIT FÜR ENTSPANNUNG

Ein straffer Zeitplan, unruhige Zuhörer oder lange Konferenzen lassen uns keine Zeit durchzuatmen. Stress ist eine Folgereaktion, die an sich nicht negativ ist, da unser Organismus dadurch erhöhte Leistung erbringen kann.

Manche Mitmenschen laufen sogar zum »Adrenalinjunkie« auf und suchen freiwillig täglich die Herausforderung! Es wird dann schwirig, wenn wir dauerhaftem Stress ausgesetzt sind. Wir brauchen einen Gegenpol. Und seien wir mal ehrlich: Wenn wir denken, wir haben keine Zeit für Entspannung, dann benötigen wir genau diese am dringendsten.

Nicht jeder kann auf die gleiche Weise gut entspannen. Aber ein entspannter Körper und Geist sind die besten Voraussetzungen für eine entspannte Stimme und Sprechweise und sozusagen für den optimalen Drehzahlbereich Ihres Stimm-Mobils®. Auch die Stimme verbraucht dann weniger Energie.

Es gibt eine Fülle an Literatur, Audio-CDs und Kursangeboten von Volkshochschulen, Krankenkassen oder physio- und psychotherapeutischen Praxen. Methoden wie autogenes Training, progressive Muskelentspannung (PME nach Edmund Jacobson), Fantasiereisen, Tai Chi und vieles andere mehr kursieren überall und vielleicht haben Sie darin schon einige Erfahrung.

Schätzen Sie sich glücklich, wenn Ihnen die Umsetzung in den Alltag gelingt. Damit unterscheiden Sie sich von vielen Ihrer Mitmenschen. Denn diese Techniken sind wahrlich nicht leicht einzubauen, da Sie besonders in der Zeit des Erlernens dieser Methoden mehr Zeit brauchen, bis Sie sich entspannen können.

Eine Trainerkollegin erzählte einmal ihr erstes Erlebnis bei einem Kurs zum autogenen Training. Es war eine Fantasiereise, bei der sie von der Kursleiterin mit verhauchter Stimme angeleitet wurde, über eine Blumenwiese zu wandern. Allerdings wanderten ihre Gedanken ganz woandershin und waren einfach nicht zu bremsen: Bei ihrer letzten Wiesenwanderung im Garten hatte sie leider die Fülle an fleißigen Bienen unterschätzt und ist auf eine solche getreten, was ihr einen unangenehmen Stich bescherte. Der pulsierende Schmerz war sofort wieder spürbar und dann fiel ihr ein, dass sie schon längst einen Termin mit der Fußpflegerin vereinbaren wollte. Den letzten hatte sie wegen eines Vortrages verschoben. Der Vortrag war gut gelaufen und ihr fiel siedend heiß ein, dass sie sich bei einem Kunden melden wollte für ein Angebot … und so ging es weiter.

Wahrscheinlich war sie eher der Typ der aktiven Entspannung (wie beispielsweise die progressive Muskelentspannung nach Jacobson). Und genau das gilt es herauszufinden. Sich zum richtigen Zeitpunkt entspannen können kann sehr wichtig im Alltag sein, zum Beispiel beim Zahnarzt: »Mund gaaanz weit aufmachen« – das klappt mit verspannter Muskulatur nicht. Oder im Vortrag und während des Unterrichts nach dem Kommentar aus der letzten Reihe: »Lauter bitte!«. Wenn wir Redner uns dann verspannen und Stress bekommen, zumal wir wissen, dass wir nicht wissen, wie wir das eine Stunde lang durchhalten sollen, bei der Erkältung, die gerade im Anzug ist – dann müssen wir wissen, wie wir schnell entspannen können. Denn dann ist das entspannte Sprechen von höchster Bedeutung.

Es folgen deshalb Übungen, die Sie sofort in Ihrem Berufsumfeld und im privaten Alltag einbauen können. Sie erhalten so verschiedene Möglichkeiten, wie Sie lernen, mit geringem Zeitaufwand negativen Stress abzubauen.

Kurze Entspannungsübungen

Anspannung senken

Bemerken Sie zum Beispiel im Unterricht, im Seminar oder während eines Vortrags eine Anspannung und einen Druck in sich, versuchen Sie tief durchzuatmen, vor allem *auszuatmen* und Ihr Handeln, Ihr Sprechen und Ihre Bewegungen um die Hälfte zu verlangsamen.

Zu Beginn wird Ihnen diese Temporeduzierung nicht leicht fallen oder sich komisch anfühlen. Die bewusste Langsamkeit wird sich auf Ihr Gegenüber nach einer gewissen Zeit übertragen. Sie sollen nicht in Ihrer Artikulation, Prosodie (Stimmmelodie) oder Körpersprache an Ausdruck verlieren, sondern diese bewusster und langsamer durchführen. Ganz nach dem Motto »Jeder Buchstabe hat seine Berechtigung«. Denn: Jede Pause gliedert das Sprechen in gut portionierte »Häppchen« für den Hörer und verschafft auf diese Weise Luft und Zeit zur Sprechplanung.

Die Erfahrung zeigt, dass den Rednern selbst das Tempo deutlich langsamer und die Pausen viel länger vorkommen als den Zuhörern. Fragen Sie doch interessehalber nach und lassen Sie sich Feedback geben. Sie werden überrascht sein, wie Sie langsamer sprechend immer noch ganz normal klingen. Ihre Zuhörer, besonders Schülerinnen und Schüler, sind froh, wenn zum Beispiel der Beweis an der Tafel vom Lehrer nicht heruntergerattert, sondern Schritt für Schritt aufgezählt wird. Zuhörer erhalten die Möglichkeit mitzudenken.

Sollte das Publikum erstaunt reagieren, können Sie immer noch anmerken, Sie seien aus Versehen auf die »Slow-Motion-Taste« gekommen.

> **Aufmerksamkeit steigern**
>
> Auch Ihr Gesprächspartner braucht Zeit, um Ihnen die erwünschte Aufmerksamkeit zu schenken.
>
> Beziehen Sie Ihr Gegenüber bewusst mit ein. Lassen Sie Pausen wirken und nutzen Sie das Element der gezielten Blickkontaktaufnahme.
>
> Sorgen Sie für genügend Sauerstoff im Raum. Wenn es sich anbietet, leiten Sie Ihre Zuhörer an, kurz aufzustehen, tief durchzuatmen und sich zu strecken und auf Ihre Körperspannung zu achten.

Wir finden solche Anweisungen oft erst einmal befremdlich und fragen uns sofort, was wohl Schüler oder Teilnehmer dazu sagen werden? Je selbstverständlicher Sie das einführen und selbst mitmachen, um so eher gehen die anderen mit. Sicher leuchtet allen ein, dass langes Stillsitzen sehr anstrengend sein kann und eine kurze Auflockerung sinnvoll ist. Anschließend lässt sich mit neuer Tatkraft arbeiten.

> **Neue Energie gewinnen**
>
> Wenn Sie vormittags zur Arbeit oder nach einem anstrengenden Tag nach Hause gehen, versuchen Sie, bevor sich Ihre Gedanken darum drehen, was noch alles heute auf Sie zukommt oder was Sie alles erlebt haben, bewusst auf Ihren Weg und Ihre Umgebung zu achten. Ihre Wahrnehmung wird intensiver und Sie gewinnen neue Energie.

Wir wissen, dass das eventuell etwas esoterisch anmutet, doch ganz ehrlich gesagt: Wann haben Sie zum letzten Mal so etwas Schönes wie den Gesang eines Vogels bewusst wahrgenommen? Sie sollten diese Eindrücke konservieren, denn wenn die nächste Tiergrippewelle kommt, kann es damit schnell vorbei sein.

Und Ihre Füße, die sie so wacker durch das Leben tragen, wie nehmen Sie damit noch den Untergrund wahr? Wir sind oft so angefüllt mit scheinbar wichtigen Dingen, dass wir das Hier und Jetzt vergessen. Doch daraus schöpfen wir die Kraft, das zu erledigen, was uns sonst durch den Kopf geht. Das ist etwas, das für Ihre Schüler oder Teilnehmer ebenso interessant sein kann, wenn es zum Beispiel um Schulaufgaben oder Besprechungsleitung oder Vorträge geht.

Dazu passt als Anregung für ein bewusstes Leben wunderbar der folgende Text:

»WENN

Wenn ich mein Leben noch einmal leben dürfte,
würde ich viel mehr Fehler machen.
Ich würde entspannen.
Ich würde viel verrückter sein als in diesem Leben.
Ich wüßte nur wenige Dinge, die ich wirklich sehr ernst nehmen würde.
Ich würde mehr Risiko eingehen. Ich würde mehr reisen.
Ich würde mehr Berge besteigen, mehr Flüsse durchschwimmen und mehr Sonnenuntergänge betrachten.
Ich würde mehr Eis und weniger Salat essen.
Ich hätte mehr echte Probleme und weniger eingebildete.
Sehen Sie, ich bin einer dieser Menschen, die immer vorausschauend und vernünftig leben, Stunde um Stunde, Tag für Tag.
O ja, es gab schöne Momente, und wenn ich noch einmal leben dürfte, hätte ich mehr davon.
Ich würde eigentlich nur noch welche haben. Nur schöne, einen nach dem anderen.
Wenn ich mein Leben noch einmal leben dürfte, würde ich bei den ersten Frühlingsstrahlen barfuß gehen und vor dem Spätherbst nicht damit aufhören.
Ich würde vieles einfach schwänzen.
Ich würde mehr Achterbahn fahren.
Ich würde öfter in der Sonne liegen.«

Dieser Text wird häufig dem argentinischen Dichter Jorge Luis Borges zugeschrieben. Wie wir im Laufe unserer Recherche herausfanden, stimmt das wohl nicht. Die Quelle dieser Version konnten wir leider nicht ausfindig machen.

Entspannung für Kopf und Nacken

Ihre Arme können sich am Tag entspannen, indem Sie sie einfach einmal hängen lassen und Ihre Beine, indem Sie sich hinsetzen. Ihren Kopf halten Sie täglich fast 15 Stunden am Stück gehoben, ohne diesen und die Muskeln, die ihn halten, zu entspannen.

Außer Sie haben die Zeit, sich am Tag öfter hinzulegen. Häufig treten durch das ständige Anspannen Verspannungen im Hals und besonders im Nackenbereich auf. Diese fallen erst auf, wenn die Anspannung des Tages nachlässt. Lockern Sie daher mehrfach am Tag Ihre Hals- und Nackenmuskulatur und schaffen Sie somit physiologische Voraussetzungen für Ihre Muskeln, die Sie ebenfalls oftmals den ganzen Tag beanspruchen: Ihre Stimmlippen. Denn die Verspannungen im Hals-Schulterbereich übertragen sich erfahrungsgemäß leicht auf die Kehlkopfmuskulatur

Folgende Übung können Sie im Lehrerzimmer, am PC, vor oder nach dem Essen am Tisch durchführen.

> **Schulter-Nacken-Entspannung**
>
> Lassen Sie Ihren Kopf im Sitzen oder im Stehen locker nach vorne hängen. Ihre Schultern sind ebenfalls locker und hängen mit den Armen nach unten. Drehen Sie Ihren Kopf ganz langsam von der Mitte aus zuerst nach rechts und anschließend nach links und wieder zurück zur Mitte. Wiederholen Sie dies mehrmals.
>
> Achten Sie dabei darauf, nicht über die Schulterlinie hinaus nach hinten zu kreisen. Das belastet die Wirbelsäule! Kreisen Sie Ihre Schultern anschließend langsam nach hinten, nach vorne und zum Schluss wieder nach hinten. Ziehen Sie Ihre Schultern nach oben und lassen Sie diese mit einem Ausatemfluss fallen.

Sie können diese Übung auch vor dem Spiegel durchführen und vorher und nachher Ihre Schulterhöhe beobachten. Oftmals erkennt man nicht, wie angespannt die eigenen Schultern sind, denn obwohl diese scheinbar locker hängen, könnten sie minimal nach oben gezogen sein.

Im Unterricht bei Doppelstunden oder im Seminar ist das in Kurzform ebenso gut einzubauen. Schadet weder pubertierenden Jugendlichen mit schlechter Haltung noch PC-geschädigten Erwachsenen!

Entspannung im Alltag

Viele sehr gute Übungen finden Sie in dem Buch »Entspannung im Alltag« (2005) von Wolfgang Wendlandt. Wir haben einige davon herausgegriffen und entsprechend den Bedürfnissen der Stimme von Vielsprechern abgewandelt.

Für viele ist es schwer, außerhalb des Sofas oder des eigenen Bettes zu entspannen. Es ist eine Fähigkeit, die erlernt werden kann, in verschiedenen Situationen auch ohne geschlossene Augen zu entspannen. So können Sie lernen, Ihre gewohnten Entspannungsfähigkeiten zu generalisieren und auf alltägliche Situationen zu übertragen. Lassen Sie sich bei den einzelnen Schritten so viel Zeit, wie Sie brauchen, und gehen Sie erst zum nächsten Schritt über, wenn Sie sich bereit dafür fühlen.

In vier Schritten in die Entspannung

Erster Schritt: Achten Sie in Ihrer gewohnten Entspannungssituation (zum Beispiel auf dem Sofa liegend) auf Verspannungen. Spüren Sie in Gedanken einzelne Körperpartien (Beine, Bauch, Rücken, Arme, Schultern, Nacken, Gesicht) nach, welche verspannt beziehungsweise welche locker sind.

Zweiter Schritt: Beenden Sie die Entspannungsübung anders, indem Sie am Ende, wenn Sie zum Beispiel von fünf abwärts zählen, die Augen schon geöffnet haben. So setzen Sie sich bewusster mit der Außenwelt auseinander und verbinden dies sogleich mit einem »entspannten Gefühl«. Probieren Sie diese Übung auch im Sitzen aus. Maximal drei Minuten Übungszeit genügen.

Dritter Schritt: Wenn Sie im Sitzen angenehm entspannen konnten, versuchen Sie, aus dem Sitzen heraus langsam in einen aufrechten Stand zu gelangen und das Gefühl beizubehalten. Konzentrieren Sie sich weiterhin auf Ihren Körper und die einzelnen Körperpartien.

Vierter Schritt: Gleich an das Stehen aus Schritt drei können Sie die Änderung des Gehens anschließen. Sie befinden sich kurze Zeit im Stand und gehen dann ganz langsam aus dem Stand heraus in die Bewegung über und laufen los. Achten Sie dabei wieder gezielt auf einzelne Körperpartien. Welche sind angespannt, welche sind locker, welche sind schwer und welche fühlen sich leicht an?

Somit lernen Sie bewusst Ihre Wahrnehmung auf Alltagssituationen zu übertragen und zu schulen. Erst wenn Sie zu Hause, für sich allein auf der Straße oder beispielsweise beim Treppenlaufen das Gefühl haben, Ihren Körper zu spüren, dann versuchen Sie in einfachen, kurzen Kommunikationssituationen – wie während des Essens mit dem Partner, im Geschäft beim Einkauf – immer wieder kurz Ihren Körperpartien nachzuspüren. Bestimmen Sie selbst Ihr Tempo und setzen Sie sich nicht unter Druck. Schon kleine Pausen, in denen Sie sich auf Ihren Körper konzentrieren, sind Entspannungsphasen, die Ihnen neue Kraft geben.

Bitte übertreiben Sie damit nicht, sonst kann es zu Irritationen beim Lebenspartner kommen: »Schatz, du bist in letzter Zeit oft so geistesabwesend.« Im Extremfall heißt es: »Nie hörst du mir zu!«, während Sie gerade versuchen, sich auf Ihren Körper zu konzentrieren.

Damit Sie und Ihr Partner sich entspannen können, ist es empfehlenswert, selbigen mit einzubeziehen; auf jeden Fall sollten Sie ihn über Ihre Versuche aufklären.

DAMIT DIE LUFT NICHT AUSGEHT

»Im Grunde glaubt zwar jedermann
Dies, dass er richtig atmen kann.
Jedoch, das geht nicht so bequem:
Gleich bringt ein Mensch uns ein System!
Erklärt, dass unsrer Atemseele,
der gottgewollte Rhythmus fehle.
Auch hätten wir, so sagt er kühl,
Noch keinen Dunst von Raumgefühl
Und wüssten unsere Atemstützen
In keiner Weise auszunützen.
Er lockert uns und festigt uns,
kurzum der Mensch belästigt uns
mit dem System, dem überschlauen,
bis wir uns nicht mehr atmen trauen.«
Eugen Roth

Selbstverständlich atmen Sie in irgendeiner Form richtig. Sonst wären Sie schon blau angelaufen und tot umgefallen. Leben ohne Atmen geht nicht. Stimme ohne Atmen auch nicht. Stimme scheint zunächst nichts weiter als heiße Ausatemluft zu sein – und doch bedeutet sie in der menschlichen Kommunikation noch viel mehr. Die Atmung beeinflusst die Stimme. Wir denken, da sind wir uns alle einig: Sie ist doch mehr als heiße Luft.

Die Atmung erfolgt in der Regel automatisch. Wir brauchen sie nicht steuern. Die Kontrolle der Atmung wird erst interessant, wenn es zum Beispiel um das gezielte Lauterwerden geht, um Betonungen, um Emotionen im Sprechen oder ganz simpel um die Kontrolle des Lampenfiebers, das leicht an einer zittrigen Stimme zu erkennen ist. Dies alles lässt sich über die Atmung am schnellsten regeln (vgl. Gutzeit 2008, S. 69 f).

Damit auch Sie diese Erkenntnisse möglichst bald umsetzen können, erhalten Sie im Folgenden einige Übungen und Beobachtungen für eine bessere Atmung.

Atemwahrnehmungsübungen

Sie wissen bereits, dass die Atmung der Motor des Stimm-Mobils® ist. Wenn Sie aufgeregt sind, atmen und sprechen Sie schneller. Versuchen Sie nicht, die Atmung zu manipulieren, sondern nehmen Sie sich zunächst die Zeit, Ihre Atmung bewusst wahrzunehmen und diese im Liegen, Sitzen, Stehen, beim Zuhören und beim Sprechen zu beobachten. Im Laufe der Zeit lernen Sie, eine schnelle Hochatmung sofort zu erkennen, und Sie können diese dann durch kurze Entspannungsübungen in die angestrebte lockere, tiefere Bauch- und Flankenatmung (sehr tiefe Bauchatmung, bei der sich der untere Rückenbereich ausdehnt) wandeln. Der Brustkorb hebt sich in beiden Fällen, da sich die oberen Lungen stets mit Luft füllen.

Weitere Übungen erleichtern Ihnen das Erfahren und den Umgang mit Ihrer Atmung. Das ist wichtig, denn ohne Luft geht stimmlich gar nichts.

Die ersten drei Übungen finden Sie auch in dem Buch: »Stimme und Stimmhygiene« von Bianca Tesche (2006, S. 41 ff.). Wir haben sie leicht abgewandelt.

Bewusst im Liegen atmen

Legen Sie sich mit dem Rücken bequem auf den Boden. (So empfehlen es die meisten Ratgeber.) Beispielsweise morgens im Bett liegend können Sie auch schon einiges wahrnehmen, falls Ihnen die Zeit für Bodenübungen fehlt oder die Gelenkigkeit zu wünschen übrig lässt. Stellen Sie sich den Wecker zehn Minuten früher oder nehmen Sie sich abends vor dem Einschlafen kurz die Zeit.

Beseitigen Sie störende Lärmquellen und Utensilien wie zum Beispiel Brille oder Gürtel. Legen Sie ein Buch, das in der Mitte aufgeklappt ist, auf Ihren Bauch.

Beobachten Sie Ihren Atem. Wo ist dieser zu spüren? Wie schnell, wie langsam fließt Ihre Atmung? Bewegt sich das Buch? Wenn ja, ersetzen Sie das Buch mit Ihrer Hand und spüren Ihrer Bauchatmung nach. Falls nicht, versuchen Sie diese Übung an einem anderen Tag erneut.

Wenn Sie ruhig und entspannt atmen, hebt sich Ihre Bauchdecke bei der Einatmung und senkt sich beim Ausatmen. Anschließend entsteht eine kurze Atempause, in der sich die Atemhilfsmuskulatur entspannt, und Sie beginnen wieder mit der Einatmung.

Versuchen Sie, diesen Atemrhythmus auch im Flanken-, Brust- und Rippenbereich wahrzunehmen.

»Das ist doch unglaublich: statt dem Buch habe ich nun meine aufdringliche Katze auf dem Bauch liegen. Die will gar nicht mehr runter. Sie hat wohl Ahnung vom Atmen. Oder sie schätzt den Seegang. War sie in einem ihrer früheren Leben vielleicht eine Schiffskatze?! Oder sie ist die Reinkarnation eines buddhistischen Mönchs. Dann kann das mit der Bauchatmung nur besser werden. Ist gar nicht so leicht, bewusst auf das Selbstverständliche zu achten. Gut, dass das im Alltag automatisch funktioniert. Wenn ich mir vorstelle, ich müsste neben meinem Unterrichtsstoff auch noch jedes Mal ans Luftholen denken, ich glaube, da wäre ich schon längst erstickt.«

Bewusst im Sitzen oder im Stehen atmen

Dieses Wahrnehmen des eigenen Atemrhythmus mit der Hand können Sie ebenso im bequemen Sitzen oder in einer physiologischen (ideal aufgerichteten) Stehhaltung durchführen. Achten Sie darauf, dass Ihre Schultern locker sind und sich nicht mitbewegen.

Wenn dies nicht der Fall ist (Kontrolle mittels eines Spiegels), beginnen Sie wieder in einer liegenden Position am Boden beziehungsweise im Bett. Versuchen Sie, Ihrem Atem bis in den Bauchraum Platz zu geben. Einengende Kleidung und das bei Frauen häufige Baucheinziehen bewirkt das Gegenteil.

Den Atem fließen lassen

Atmen Sie normal ein und lassen anschließend Ihre Atemluft auf [f], [s] oder [sch] möglichst lange, gleichmäßig und ohne Druck ausströmen. So wird der Ausatemstrom verlängert.

Das ist eine interessante Übung für das Sprechen und die sogenannte »Phrasenlänge« – dafür also, wie viel ich spreche, bevor ich wieder Luft hole.

Viele Sprecher neigen dazu, zu oft oder zu viel Luft zu holen, vor allem dann, wenn sie aufgeregt sind. Das führt zu Druck im Hals und dem Gefühl, nicht genügend Luft zu bekommen, obwohl man aufgeblasen ist von verbrauchter Luft, auf die zu früh »draufgeatmet« wurde. Ihre Devise sollte deshalb in Zukunft immer lauten: »Raus mit der verbrauchten Luft!«.

»Die Übung ist klasse! Wenn ich das nächste Mal so richtig sauer bin, zische ich einfach wie eine Schlange. Das beeindruckt die Hörer bestimmt. Und mich beruhigt es. Hat dann was von Dampfablassen – im wahrsten Sinne des Wortes. Oder ich imitiere Lord Voldemort im Duell mit Harry Potter. Aber mal abgesehen davon kann ich den Tipp mit der verbrauchten Luft und dem bewussten Ausatmen gezielt an meine Seminarteilnehmer weitergeben. Geheimtipp für den Umgang mit Lampenfieber.«

Wie schon im Kapitel »Überleben im Sprechalltag – Vier gewinnt« erwähnt, ist die Nasenatmung während des Sprechens sehr wichtig. Deshalb stellt die folgende Übung eine gute Ergänzung zur Übung »Den Atem fließen lassen« dar. Diese Übung finden Sie ausführlich beschrieben in: »Die Kunst des Atmens« von Leo Kofler (1914, S. 36 ff.).

Das schnelle Atemholen

Nehmen Sie sich einen Text Ihrer Wahl (zum Beispiel ein Diktat, einen Zeitungsartikel von der Morgenzeitung oder eine vorbereitete Rede) und lesen Sie diesen laut vor.

Versuchen Sie während des Lesens, wenn Sie einatmen müssen, dies durch die Nase zu tun. Es ist oft einfacher, dabei den Mund offen zu lassen. Es kann anfangs ungewohnt und nicht ganz einfach sein. Oftmals kommt es zu einem starken Ziehen der Luft durch die Nase. Achten Sie auf das leichte Einströmen der Luft. Nehmen Sie sich zunächst einzelne Stellen im Text vor, die Sie sich gegebenenfalls markieren und bewusst an diesen Stellen durch die Nase einatmen.

Bleiben Sie dabei entspannt. Wenn es gut gelingt, können Sie versuchen, zunächst kurze Sequenzen im Alltag laut zu lesen und auf die Nasenatmung zu achten. Zum Beispiel können Sie die Inhaltsangabe eines Films aus der Fernsehzeitung Ihrem Partner, Ihrer Katze oder Ihrem Hund laut vorlesen. Im fortgeschrittenen Stadium können Sie sich dann an eine Gute-Nacht-Geschichte für Kinder wagen. Auch hier freuen sich Katze oder Hund über die Ansprache. Sie können ebenso in einem kurzen Gespräch Ihrem Partner am Abend schildern, wie der Tag war, und dabei die Nasenatmung ganz bewusst einsetzen.

Mithilfe dieser Übung haben Sie die Möglichkeit, tiefer und entspannter zu Atem zu kommen und trotzdem ein Austrocknen der Mundschleimhaut oder ein Missempfinden nach gesprächsreichen Tagen zu verhindern.

Mit der folgenden Übung aus dem Buch: »Therapie funktioneller Stimmstörungen« von Brügge/Mohs (2005, S. 85 ff.) können Sie Haltung und Atmung direkt verbinden.

Beckenkippung

Setzen Sie sich aufrecht auf einen Hocker oder Stuhl. Achten Sie auf Ihr Becken. Sie können dieses nach vorne und nach hinten kippen. Erinnern Sie sich an Michael Jackson auf der Bühne? Der beherrschte die Beckenkippung nach vorne und hinten perfekt.

Suchen Sie die Ausgangsposition, in der Ihr Becken gerade aufgerichtet steht. Als Unterstützung legen Sie Ihre Handflächen unter Ihr Gesäß und fühlen Ihre Sitzhöcker. Wenn Sie direkt darauf oder kurz davor sitzen, haben Sie die richtige Ausgangsposition Ihres Beckens gefunden.

Es erfolgt nun eine Dehnung, indem Sie mit der Einatmung das Becken langsam und leicht nach hinten kippen, in eine Position, in die wir gerne bei längerem Sitzen am PC kommen. Das Becken hängt nach hinten. Wir sitzen etwas »bucklig«. Mit der Ausatmung gehen Sie anschließend langsam in die Ausgangsposition zurück. Kippen Sie das Becken nicht zu weit nach vorne, da sonst das Hohlkreuz unterstützt würde.

Führen Sie diese Übung möglichst vor einem Spiegel durch, um sich gleichzeitig visuell abzusichern, wie das Becken in der Ausgangsposition steht, und wie Sie die Bewegungen ausführen.

Im Seminar oder im Unterricht lässt sich diese Übung im Sitzen zwischendurch leicht unbemerkt durchführen, wenn zum Beispiel ein Schüler oder eine Teilnehmerin einen Text vorliest oder die Gruppe mit einer Aufgabe beschäftigt ist.

Wenn Sie diese Übung zusammen mit Schülern oder Teilnehmern durchführen, nachdem diese beispielsweise eine längere Zeit sitzen mussten, dann lockert das den Unterricht beziehungsweise das Seminar auf, und sei es nur durch den Lacheffekt, den sie auslösen kann. Mit Verweis auf Michael Jackson, klappt es in der Regel ganz gut. Sie werden sehen, dass anschließend auch die Konzentration wieder steigt.

»Ja, ja, ich sehe mich schon, wie ich mich vor der Klasse zum Deppen mache. Dafür braucht man so was wie natürliche Autorität, sonst gehen die Lockerungsübungen total daneben. Ich muss die Klasse ja auch wieder einfangen. Aber grundsätzlich ist die Idee gut. Schließlich sitzen die Schüler oft lange am Stück und werden dann entsprechend unruhig. Da ist kontrollierte Bewegung zwischendurch sicher gut. Mal sehen. Ich probiere es einfach einmal aus.«

IM ALLTAG HEISST ES: »HALTUNG BEWAHREN«

»Haltung bewahren« ist ein interessanter Begriff und zeigt, dass die Körperhaltung viel über die innere Haltung aussagen kann und deutlich zu Respekt und Überzeugungskraft beiträgt. Genau das schult Samy Molcho seit Jahrzehnten.

In Seminaren und bei der Arbeit mit Lehrern fällt uns vor allem die Tendenz zu einer »dem Zuhörer zugewandten« Kopfhaltung auf. In Fachkreisen hat sich der Begriff der »Schildkrötenhaltung« durchgesetzt. Das heißt, der Redner nimmt den Kopf nach vorne und hat dabei den Blick noch geradeaus.

Der Kehlkopf hängt dann nicht mehr frei im Hals, sondern bekommt Druck von der Wirbelsäule. Damit ist die Belastung beim Sprechablauf höher. Es treten eher Verspannungen und Missempfindungen auf, die dann zum Beispiel zum Räuspern verleiten.

Zudem ist eine aufrechte, physiologische Haltung, wie wir bereits zu Beginn des Buches im Vergleich mit dem Stimm-Mobil® und im Kapitel »Überleben im Sprechalltag – Vier gewinnt« erläutert haben, eine wichtige Voraussetzung für einen uneingeschränkten Atemfluss und somit eine ökonomische Stimmnutzung.

Die physiologische Körperhaltung ist erfahrungsgemäß nicht ständig einzuhalten. Wer Ihnen das weismachen möchte, vergisst, dass vor allem zu Beginn mehr Verkrampfungen auftreten können und man deshalb in die gewohnte, alte Fehlhaltung zurückkehrt.

Folglich ist der Anspruch, nicht immer, aber immer öfter (besonders bei hohem Sprechbedarf) die physiologische Körperhaltung zu suchen, eher alltagstauglich. Dies erscheint am Anfang vielleicht unbequem und ungewohnt. Durch immer häufigeres Bewusstwerden und Einnehmen der Haltung überwiegen die Vorteile: Der Rücken wird geschont, die Atmung und die Stimme werden unterstützt.

Ihre »innere Haltung« und Ihr persönliches Auftreten spielen zusätzlich eine wichtige Rolle für Ihr Auftreten und Ihre Überzeugungskraft im Vortrag oder im Unterricht.

Beobachtung der Haltung

Um etwas zu verändern, empfehlen wir Ihnen zunächst, eine Art Bestandsanalyse durchzuführen. Das heißt: Beobachten Sie, wie Ihre Haltung in bestimmten Situationen in der Regel ist. Die nun folgenden Beobachtungsanleitungen führen Sie zu einer physiologischen Haltung und helfen, wenn Sie es weitergeben wollen, Schülern und Semianarteilnehmern zum Beispiel in Bewerbungssituationen. Die Übungen orientieren sich an Tesche (2006, S. 31 f.).

Sitzhaltung kontrollieren

Beobachten Sie Ihre Sitzposition, wenn Sie zum Beispiel am Schreibtisch oder am Pult sitzen. Beginnen Sie bei den Füßen. Haben Ihre Füße festen Bodenkontakt? Stehen diese parallel und hüftbreit auseinander? Tragen Sie Rock oder Hose? Sie sollten dann an die Blicke der Ihnen Gegenübersitzenden denken und die Übung gegebenfalls räumlich verlegen.

Sitzen Sie in der richtigen Höhe (rechter Winkel in den Fußgelenken, den Kniegelenken, in den Hüftgelenken und zwischen Hals und Kinn)? Muss die Stuhlhöhe korrigiert werden? Wenn ja, dann machen Sie das. Ist Ihr Becken leicht nach vorne gekippt? (Kontrolle: Legen Sie Ihre Handflächen unter Ihr Gesäß. Spüren Sie Ihre Sitzhöcker? Sitzen Sie auf den Sitzhöckern oder leicht davor?) Sind Ihre Schultern locker?

Das Gleiche machen Sie nun mit Ihrer Stehhaltung. Diese Übungen finden Sie ebenfalls bei Tesche (2006, S. 31 ff.).

Stehhaltung beobachten

Beobachten Sie Ihre Stehhaltung einige Tage lang hin und wieder – beispielsweise zu Hause, vor Unterrichts- oder Vortragsbeginn oder wenn Sie zum Beispiel auf den Bus oder den Zug warten oder wenn Sie am Kopierer stehen.

Stehen Ihre Füße hüftbreit und parallel fest auf dem Boden? Sind Ihre Knie locker? Ist das Becken leicht nach hinten gekippt? Hängen die Schultern locker nach unten? Ist Ihr Kopf gerade, Ihr Kiefer locker? Gehen Sie nacheinander einmal Ihren Körper von oben nach unten durch.

»Klar, da komme ich mir vor wie eine Marionette. Fühl mich jetzt schon ganz schief. Erstaunlich, was man alles bewusst fühlen kann, wenn man nur einmal daran denkt. Mein Kopf neigt sich wohl lieber nach rechts als nach links. Wenn ich das zu stark mache, lege ich die »Kehle frei«. Ist das dann zu unterwürfig? Und mein Magen knurrt mich jetzt schon zum wiederholten Male an. Scheint an der Beckenschaukel zu liegen. Trotzdem interessant. Gestern Abend im Hotel, nach dem Seminar an der Bar, da wäre das mit der Stehhaltung echt spannend gewesen. Ob das beim Flirten auch eine Rolle spielt? Aber wie sollst du dich auf dein Stehen konzentrieren, wenn deine Gedanken gerade bei der Figur deiner Barnachbarin sind? Muss mir doch andere Beobachtungssituationen suchen!«

Wir liegen, sitzen, stehen, laufen, bücken uns und stehen wieder auf, aber wie findet man aus den Bewegungen in eine physiologische Haltung? Folgende Übung gibt Ihnen hierzu eine Hilfe.

In einen aufrechten Stand gelangen

Um in einen aufrechten Stand zu gelangen, lassen Sie im Stehen Ihren Oberkörper, Arme und Kopf locker nach unten hängen. Ihre Knie sollen nicht komplett durchgestreckt sein. Achten Sie unbedingt darauf! Mit dem Ausatmen richten Sie sich langsam Wirbel für Wirbel auf und heben Sie Ihren Kopf zuletzt. Stellen Sie sich einen Marionettenfaden an Ihrem Kopf vor, der diesen leicht in die Höhe zieht.

Nutzen Sie die Übung zum Beispiel morgens beim Aufstehen. Erinnern Sie sich tagsüber bei Übergängen vom Sitzen ins Stehen erneut an das Gefühl dieser Aufrichteübung. Das unterstützt die physiologische Haltung im Alltag.

Bewegung während des Sprechens

Sprechen Sie nicht nur im Stehen oder im Sitzen, da dies auf Dauer anstrengend wird. Gehen Sie langsam, aufrecht und locker durch den Raum und sprechen Sie Ihre Klienten oder Schüler direkt an. Motivieren Sie auch Ihre Zuhörer, zum Beispiel zu Beginn der Stunde oder nach der Mittagspause aufzustehen, Schultern zu kreisen, sich zu strecken.

Trainerinnen und Trainer nutzen solche Übungen in Seminaren wesentlich häufiger, als dies in der Schule gemacht wird. Dabei tut die Bewegung allen gut. Daher sollten solche Übungen eigentlich zum festen Unterrichtsrepertoire gehören. Schüler wie Teilnehmer werden sich nach einer kurzen Bewegungseinheit sicher wesentlich besser konzentrieren und Ihnen deutlich aufmerksamer folgen können. Ganz nebenbei wacht der eine oder die andere dadurch wieder auf.

STIMMT DIE STIMME?

Wichtige Punkte für das Durchhaltevermögen der Stimme sind im Kapitel »Überleben im Sprechalltag – ›Vier gewinnt!‹« (s. S. 36 ff.) und im Tagesablauf einer Lehrerin beziehungsweise Trainers aufgeführt (s. S. 102 ff.). Dazu gehören beispielsweise das »Warming-up« der Stimme und das Finden der mittleren Sprechstimmlage. Diese sind als Stimmtraining für Ihren Sprechalltag sehr zu empfehlen. Weitere Übungen dazu finden Sie auch im Buch und auf der CD: »Die Stimme wirkungsvoll einsetzen« (Gutzeit 2008).

Die nun folgenden Übungen dienen der Stimmpflege und lockern die Stimme. Ihr Bewusstsein für die Sprechorgane wird geschärft. Die Übungen verbessern sowohl den Stimmklang als auch die Belastungsfähigkeit der Stimme und bringen zudem ein wenig Abwechslung in andere Übungseinheiten.

Die Stimme geht ins Ohr – und aufs Gemüt

Ist es nicht herrlich, einer angenehmen Stimme zu lauschen, sich von ihr einfangen und verzaubern zu lassen?! Dabei ist es sehr spannend, sich zu fragen, was denn den Sprecher so angenehm und interessant macht. Und wie schrecklich ist das Gegenteil, das böse Erwachen, wenn eine Stimme nicht gut klingt!

Hören Sie gerne Hörbücher? Wenn Sie das noch nicht getan haben, können wir es Ihnen wärmstens empfehlen. Allerdings bekamen wir vor einiger Zeit ein Hörbuch geschenkt, das uns zeigte, wie wichtig es wirklich ist, einen guten Sprecher zu haben.

Nachdem ich beruflich wieder einmal zu einem Seminar unterwegs war, legte ich eine CD ein und freute mich auf eine Stunde spannende Unterhaltung. Leider hatte der Sprecher, ein bekannter Schauspieler, eine Stimme, die mir als Vorleser einfach – Sie gestatten die Wortwahl – zu schnarrig, ordinär und lallig klingt. Das war jedenfalls nicht das, was ich erwartet hatte und schnell merkte ich auch, dass ich dem nicht lange lauschen wollte.

Welch eine Erholung dagegen ist beispielsweise die Stimme von Christian Brückner, dem Synchronisator von Robert de Niro. Er spricht nicht umsonst sehr viele Dokumentationen, Hörbücher und vieles mehr. Sie haben ihn bestimmt schon einmal gehört (vgl. Vorwort, S. 7).

So gibt es einige tolle und interessante Stimmen bei Film und Fernsehen. Achten Sie einmal bewusst auf die Sprecherinnen und Sprecher!

Es müssen nicht immer Hörbücher sein, Werbung ist genauso interessant oder sogar noch interessanter, denn Radiowerbung zum Beispiel hat nicht die Möglichkeit der bunten Bilder, die unsere Sehnsüchte wecken. Radiowerbung arbeitet ausschließlich mit Stimme und Sprechweise und ist deshalb sehr unterhaltsam. Fragen Sie sich doch einmal, warum die Stimme der Renaultwerbung: »Wir glauben, dass Sie das wissen sollten« so sonor klingt. Sie läuft so gleichmäßig dahin, vielleicht ebenso wie es der angepriesene Motor tut.

An dieser Stelle die Empfehlung: Sensibilisieren Sie Ihr Gehör bezüglich der Lautstärke, schulen Sie Ihren Stimm-Mobil®-TÜV. Nehmen Sie wahr, wie laut und wie leise andere Personen sprechen. Unterrichten Sie lauter und leiser und beobachten Sie, wie Ihre Schüler darauf reagieren. Wie laut und leise sprechen die Schüler, wenn Sie Ihre Lautstärke ändern?

Anderen Stimmen lauschen – Vorbilder finden

Hören Sie genau hin, auf dem Weg zur Arbeit, im Kaufhaus, am Bahnhof. Es lohnt sich wirklich! Allein schon um das Gehör zu sensibilisieren und Vorbilder zu finden. Wählen Sie Ihr Vorbild gut aus, denn bei Herrn Stoiber zum Beispiel hätten wir ähh Bedenken ähh … – bezüglich … – der positiven … – ähh Sprechweise.

Das mit den Vorbildern hat tatsächlich Grenzen, wie das folgende Beispiel eindrücklich illustriert:

Ein Patient, der oft heiser war, kam mit dem sehr konkreten Anliegen, wenn wir schon an der Stimme arbeiteten, möchte er anschließend so sexy sprechen wie der deutsch synchronisierte Bruce Willis, denn darauf stehe seine Frau. Die Umsetzung dieses Ansinnens hatte jedoch schlicht und einfach anatomische Grenzen. Dies machte ich ihm deutlich. Und nach der Behandlung konnte er seine Frau erfreuen mit einem klaren Stimmklang und gestärktem Selbstbewusstsein für *seine* individuelle und schöne Stimme.
Fazit: Bruce Willis ist gut – die eigene Stimme ist noch besser.

Es muss nicht immer Lautstärke sein

Werden Sie sensibler für den Parameter Lautstärke. Erinnern Sie sich doch einmal an Ihre eigene Schulzeit: Was passierte, wenn der Lehrer lauter sprach? Wir Schüler schwätzten lauter.

Wir wissen, dass es gerade im schulischen Bereich heutzutage schwieriger ist als früher, sich Gehör zu verschaffen. Die Ursachen sind vielschichtig und haben vielleicht etwas mit mangelndem Respekt, lauten Discos oder anderen Einflüssen zu tun. Egal, welche Ursache der erhöhte Lärmpegel im Klassenzimmer hat, lassen Sie sich in Ihrer Lehrtätigkeit nicht dazu verleiten, mit lauter Stimme gegen laute Schüler oder Zuhörer vorzugehen. Das ist auf Dauer anstrengend und führt in einen Lautstärkemachtkampf.

Trainern kann es da genauso gehen. Sie haben sicher auch schon einmal eine besonders unruhige Gruppe gehabt. Oder?

Es wird zwar gesagt, man solle sich das Kind im Erwachsenen erhalten. Allerdings treibt das im Berufsleben oft eigenwillige Blüten: Manche Arbeitskollegen benehmen sich wie Kinder und sind in Besprechungen oder bei Vorlesungen und im Seminar nur schwer akustisch einzufangen.

Versuchen Sie daher unbedingt eine der Alternativen zum Lautwerden. Dieses Thema ist uns so wichtig, dass wir ihm, neben den noch folgenden Übungen, ein eigenes Kapitel gewidmet haben (s. »Viel Lärm um nichts? – Wie man sich anders Gehör verschafft«, S. 81 ff.). Sie erhalten dort Anregungen, damit Sie nicht in den Lautstärkemachtkampf geraten. Außerdem finden Sie einige Tipps zum zuhörergerechten Sprechen, zum Beispiel wie Sie komplexe Inhalte einfach vermitteln können. Denn es gilt: Je einfacher, kompakter und verständlicher, umso weniger muss ich reden und erklären. Das spart Stimmkraft!

»Da ist was dran. Letztens bin ich am Klassenzimmer des Kollegen vorbeigegangen und habe mich ernsthaft über die heftige Lautstärke im Zimmer gewundert. Das hörte sich auf dem Gang an, als wäre ich im Raum »live dabei«. Wie sollen sich die Schüler da konzentrieren …? Und außerdem sind wir hier ja nicht auf dem Hamburger Fischmarkt. Wie der das durchhält. Na ja, er ist nicht umsonst oft heiser. Ich hab das kürzlich bei meiner siebten Klasse getestet. Die sind immer besonders unruhig und ich habe gemerkt, wie ich selbst verleitet bin, immer lauter zu sprechen. Dann habe ich es aber mal genau andersherum probiert und bin zeitweise immer leiser geworden. Das ging gut. Die haben sogar begonnen, sich gegenseitig zu ermahnen. War für mich sehr entspannt. Mal sehen, was die hier im anderen Kapitel noch für Tipps dazu haben.«

Die folgende Übung haben wir in Anlehnung an eine Übung aus dem Buch »Rhetorik, Atmung und Stimme im Klassenzimmer« von Andreas Bruin (2006, S. 86) entwickelt.

Spielen Sie Lautstärkeregler

Kennen Sie die Automobilwerbung, bei der zwei kleine Jungs Auto spielen und die entsprechenden Geräusche von sich geben? Machen Sie das doch einmal nach und experimentieren Sie mit der Lautstärke.

Wenn Sie Ihr Stimm-Mobil® »anlassen« und mit lockeren Lippen und Motorengebrumm »brmmmmbrmmmm« am Start stehen (Lippenflattern mit Tongebung), sind Sie mit hoher Wahrscheinlichkeit in der mittleren Sprechstimmlage. Versuchen Sie nun bitte, das Motorengeräusch einmal lauter und dann wieder leiser zu produzieren, bitte unbedingt *ohne* im Ton höher oder tiefer zu werden! Nur der Atemdruck wird stärker! Die Tonlage bleibt.

Stellen Sie sich nun vor, ein Bienenschwarm fliegt an Ihnen vorbei. Das ist erst leiser, weil sie noch weiter weg sind, wird dann lauter und dann wieder leiser. Bienen summen auf »mmmmmm«. Lauterwerden geht wieder über den vermehrten Atemdruck. Ganz wichtig auch hier: Der Ton darf nicht höher und tiefer werden. Nur lauter und leiser. Das ist anfangs sehr schwierig. Fragen Sie Ihren Partner oder nehmen Sie es zur Kontrolle einmal auf. Das ist die hohe Kunst des leichten Lautwerdens. Es ist, als würden Sie einen Lautstärkeregler hin- und herschieben.

Auch auf der Übungs-CD zum Buch: »Die Stimme wirkungsvoll einsetzen« (Gutzeit 2008) finden Sie eine Übung zu diesem »Schwelltonvermögen«.

Es erspart sehr viel Kraft, wenn man seine Stimme an den Raum, in dem man sich befindet, genau anpassen kann. Auf der Toilette werden Sie vermutlich nicht mit der gleichen Lautstärke sprechen wie in einem Vortragssaal.

Impedanzprobe – Anpassung der Stimme an den Raum
(Nach: »Atem und Stimme« von Coblenzer/Muhar 1995, S. 99)

Eine feine Kontrolle entwickelt man, indem man immer wieder auf seine Stimme und sich selbst hört. Sprechen Sie im Stehen zum Beispiel die Anrede »Guten Morgen« oder »Meine Damen und Herren« und achten Sie auf den Klang.

Formen Sie anschließend Ihre Hände muschelförmig hinter Ihre Ohren und wiederholen Ihre Anrede.

Sie vernehmen jetzt Ihre eigene Stimme ungewohnt anders. Sie hören Ihre Stimme entweder leiser oder lauter. Versuchen Sie mit dieser Art von Kontrolle eine für Sie angenehme Lautstärke zu finden. So gelingt es Ihnen, mit wenig Kraft die passende Stimmlautstärke einzusetzen.

Die folgende Übung, die wir bei Frohmut Knie in ihrem Buch: »Wie bleibe ich bei Stimme?« (2008, 54 ff.) gefunden und weiterentwickelt haben, ähnelt der vorangegangenen, versucht aber noch stärker auf die gezielte Kontrolle der Lautstärke zu bauen.

Versuchen Sie nicht, sich im Klassenzimmer oder im Konferenzraum durch Lautstärke Gehör zu verschaffen. Passen Sie, wie in den vorigen Übungen erläutert, Ihre Stimme dem Raum an und nutzen Sie die Tragfähigkeit als Unterstützung für Ihre Stimme.

Tragfähigkeit bedeutet, dass der Klang Ihrer Stimme eine Entfernung zurücklegt, aber trotz gleichbleibender Lautstärke sich durchsetzt und verständlich ist. Dies erreichen Sie zum Beispiel durch Intention (wie auf Seite 79 erläutert) und bewusstes Anpeilen eines Fixpunktes.

Das ist eine sehr anspruchsvolle Übung, denn sie benötigt ein gutes Zusammenspiel aus Atmung, Kehlkopfspannung und Hörkontrolle, damit die Tonlage wirklich gleich bleibt und nicht wie in den meisten Fällen erhöht wird.

Sie werden vielleicht merken: Je lauter Sie werden, desto weiter reicht Ihr Stimmklang. Je leiser Sie werden, umso näher kommt Ihre Stimme beziehungsweise der Stimmklang wieder zu Ihnen zurück. Nun also zur Übungsbeschreibung:

Tragfähigkeit und Dynamik

Summen Sie ein »mooo« von sehr leise nach laut und von laut nach sehr leise, ohne die Tonlage zu ändern. Als würden Sie ein Radio von leise nach laut und anschließend wieder leiser drehen.

Sie summen immer auf dem gleichen Ton. Achten Sie anschließend auf eine physiologische Haltung und stellen Sie sich an einen Ort, von dem aus Sie in die Ferne blicken können (zum Beispiel ans Fenster oder einen Aussichtpunkt). Legen Sie einen kleinen Punkt in der Ferne fest, den Sie fixieren. Summen Sie ein leises »mooo« und schicken Sie diesen Klang in die Ferne zu Ihrem festgelegten Punkt. Ein lockerer Handschwung nach vorne kann diese Vorstellung zusätzlich unterstützen. Oder stellen Sie sich Comics mit Sprechblasen vor. Sie wollen eine Sprechblase füllen und durch den Raum zum Hörer schicken.

Versuchen Sie, diese Übung im Unterricht oder im Vortragsraum umzusetzen, indem Sie sich auf die hintersten Reihen konzentrieren und dort Ihre Stimme hinschicken, und zwar unterstützt durch das Bild, welches Sie gerade in der Übung entwickelt haben. Durch die tragende Stimme wird der Raum mit Klang gefüllt.

Resonanz durch Gähnen

Was denken Sie, wenn Schüler oder Seminarteilnehmer gähnen?! Meist wird Müdigkeit assoziiert und deshalb automatisch versucht, im Beruf oder während gesellschaftlicher Treffen Gähnen zu vermeiden. Das Resultat ist allenfalls ein unterdrücktes Gähnen, das den Mund-Rachenraum verengt und verspannt.

Wenn Sie nun während des Lesens schon gähnen mussten, ist das ein gutes Zeichen. Gähnen wirkt für den Kehlkopf wie Strecken und Rekeln mit dem Ergebnis, dass die Muskulatur lockerer und entspannter ist als vorher. Vor dem Sport oder morgens nach dem Aufstehen ist das eine gute Möglichkeit, die Muskulatur in Schwung zu bringen. Das passiert anscheinend sogar automatisch.

Eine Freundin erzählte einmal von ihrem Pferd, das regelmäßig zu gähnen begann, wenn sie mit dem Zaumzeug zum Reiten auf das Pferd zuging. Das beunruhigte sie sehr. Sie war erst beruhigt, nachdem sie in einer Zeitschrift gelesen hatte, dass Gähnen einfach eine Zustandsänderung der Muskelspannung herbeiführt. Das bestätigte sich beim Pferd, das stets freudig und locker bei der Arbeit mitmachte.

Nun zu Ihrer Übung, die wir auch bei Walburga Brügge und Katharina Mohs (2005, S. 121 ff.) gefunden haben:

Gähnen für die Stimme

Setzen oder stellen Sie sich bequem hin und gähnen Sie bei geöffnetem Mund leise und laut. Eine weitere Hilfe ist, wenn Sie Ihre Zungenspitze an Ihren Gaumen drücken und diese von vorne nach hinten wandern lassen.

Beobachten Sie vor dem Spiegel und mithilfe Ihrer Hand am Kehlkopf, wie sich dieser während des Gähnens senkt und anschließend wieder hebt.

Die anschließende Kehlkopftiefstellung ist verbunden mit einer Weitung des gesamten Ansatzrohres, das heißt, der gesamte Mundinnenraum bis hin zum Kehlkopf wird gedehnt und geweitet und lässt mehr Raum für Ihre Stimme. Gleichzeitig wird Ihre Artikulationsmuskulatur gelockert, wodurch Sie wiederum Platz für mehr Resonanz schaffen.

Fazit: Gähnen mit offenem Mund ist erwünscht. Bitte nicht unterdrücken, aber in Gesellschaft der Höflichkeit halber abwenden und eine Hand vorhalten. Mit Schülern oder Seminarteilnehmern können Sie das gemeinsam ausprobieren, beispielsweise zur Auflockerung kombiniert mit Hinstellen und Strecken und Rekeln.

Bewusst betonen

Vielleicht haben Sie schon einmal einen Redner erlebt, der fast jedes Wort im Satz betont. Das Sprechen klingt dann sehr akzentuiert, oft schon abgehackt. Den meisten passiert das durch ein übertriebenes Sendungsbewusstsein nach dem Motto: Alles, was ich sage, ist wichtig – und wird deshalb betont. Das ist nicht nur für die Hörer, sondern vor allem für den Sprecher anstrengend. Betonung heißt, ich gebe der Stimme Nachdruck, durch Veränderung der Tonhöhe oder der Lautstärke.

Unter Betonung verstehen wir normalerweise den Wortakzent, der mehrsilbige Wörter gliedert. Im Deutschen wird in der Regel die Stammsilbe betont, zum Beispiel gehen, gegangen. Genauso gibt es den Satzakzent. Im Deutschen ist es ein Hauptakzent pro Satz, der nicht automatisch immer auf dem letzten Wort liegt. Diesen Fehler machen manche Sprecher. Sie betonen das letzte Wort vor dem Punkt, weil dann die Stimmabsenkung wegen des Punktes folgt. Das wird oft dem Inhalt in keinster Weise gerecht und klingt zudem sehr monoton.

Allerdings ist die Endbetonung im Satz in vielen Fällen sehr naheliegend, denn im Deutschen wird häufig erst mit diesem letzten Wort klar, was die eigentliche Aussage des Satzes ist. Folglich sollten Sprecher sowohl den Satzbau zu variieren als auch die Betonung sinngemäß setzen, damit das Sprechen nicht monoton wirkt und die Zuhörenden einschläfert (vgl. auch Rossié 2000, S. 20 ff.).

Je nach Bedeutung des Inhalts gibt es einen Hauptakzent und möglicherweise mehrere Nebenakzente pro Satz. Wir verdeutlichen dies an einem Beispiel; der Hauptakzent ist fett und die Nebenakzente kursiv gedruckt.

In den Alpen hat es **geschneit**.
In den *bayerischen* Alpen hat es *letzte* Woche **geschneit.**
In den *bayerischen* Alpen hat es *letzte* Woche nach *wochenlanger* Trockenheit *endlich* ergiebig **geschneit.**

Durch gezielte Betonung und Pausensetzung können Sie Ihren Zuhörern auch trockene Texte näherbringen und die Aufmerksamkeit von diesen erlangen. Denn gut gesetzte Betonungen erleichtern das Zuhören und Verstehen. Sie machen den Klang des Gesagten abwechslungsreich.

Deshalb geht es in der folgenden Übung um bewusstes, angemessenes Betonen (die Übungen sind in Anlehnung an Frohmut Knie, 2008, S. 54 f.), (s. auch Kapitel »Viel Lärm um nichts – Wie man sich anders Gehör verschafft«, S. 81 ff.).

Ausdruck durch Betonung

Nehmen Sie sich einen kurzen Text zur Hand. Zum Beispiel einen knappen Zeitungsartikel, den Sie noch lesen wollen, oder einen Ausschnitt aus dem Latein- oder Geschichtsbuch, den Sie morgen Ihrer Klasse vorlesen.

Kennzeichnen Sie im Text, welche Sätze oder Abschnitte wichtig sind und an welchen Stellen eine Pause eingelegt werden kann.

Lesen Sie anschließend jeden Satz deutlich vor und betonen Sie bei mehrmaligem Lesen immer andere Stellen, Absätze oder einzelne Wörter. Setzen Sie unterschiedlich viele und unterschiedlich lange Pausen. Sie werden merken, dass eine andere Betonung und Pausensetzung gleichzeitig die Aussage des Gelesenen verändern wird.

In einem Buch, das sich mit dem Einsatz der Stimme befasst, sind die stimmlosen Elemente der sprecherischen Gestaltung ebenso wichtig: Die Pausen. Hier verwenden Sie zwar nicht Ihre Stimme, aber Sie haben die Chance, durch Innehalten an der richtigen Stelle dem Inhalt Nachdruck zu verleihen und Spannung zu erzeugen. Pausen gilt es auszuhalten und zu nutzen, damit die Hörer interessiert bleiben. Sie sind ein starkes sprechgestalterisches Element! Und vergessen Sie nicht: Wir haben meist mehr Pausen als Satzzeichen. Beobachten Sie das bei sich und bei anderen, vor allem hinsichtlich der Wirkung.

Die vorangegangene Übung können Sie in der Schule oder in Seminaren einsetzen, denn für Schüler und Seminarteilnehmer ist sie ebenfalls interessant, zum Beispiel wenn Gedichte vorgetragen oder Reden gehalten werden oder einfach nur laut vorgelesen wird.

ARTIKULATION SPART STIMMKRAFT

Sie haben bestimmt schon einmal einen Menschen sprechen hören, der dabei die Zähne nicht auseinanderbringt. Nicht nur, dass derjenige im wahrsten Sinne des Wortes »verbissen« wirkt. Es kostet ihn überdurchschnittlich viel Stimmkraft, wenn er aufgefordert wird, lauter zu sprechen, weil er unverständlich spricht.

Sie können das selbst ausprobieren, wenn Sie zum Beispiel sagen: »Hört mir mal alle zu!« und dabei die Zähne aufeinandergebissen lassen und kaum die Lippen bewegen. Machen Sie das Gleiche lauter, werden Sie oder Ihre Zuhörer feststellen, dass Sie deshalb immer noch nicht besser zu verstehen sind. Sprechen Sie allerdings den gleichen Satz nun mit deutlicher Lippenausformung und Kieferöffnung in normaler Zimmerlautstärke, sind Sie mit Sicherheit sehr gut zu verstehen.

Das bedeutet: Deutliche Artikulation spart Stimmkraft!

»Unter dem Aspekt Stimmkraftersparnis hab ich das noch gar nicht betrachtet. Klar, es gibt Menschen, die bringen den Mund beim Reden nicht auf und zischen ihre Anmerkungen zwischen den geschlossenen Zähnen hervor. Je nach Hierarchiestufe sorgt das bei den Zuhörern für unterwürfiges Gekusche oder zu bleierner Müdigkeit wegen dauerhaften Gezwungenseins zu konzentriertem Zuhören. Tja, da steuert derjenige wohl nicht optimal mit seinem Stimm-Mobil® durch die Kurven.«

Artikulation trainieren

Eine deutliche Artikulation erfordert eine Weite im Mund- und Rachenbereich und lockere Artikulationsorgane. Die folgenden Übungen lockern die Artikulationsorgane und unterstützen damit die Tragfähigkeit der Stimme.

Zungenruhelagetraining zur indirekten Kieferlockerung

Normalerweise hat die Zunge einen »Parkplatz«. Sie sehen, das Bild vom Stimm-Mobil® prägt; der Vergleich mit Fahrzeugen bietet sich immer wieder an. In diesem Fall ist der Parkplatz wirklich ein passender Begriff und wird selbst in der Therapie verwendet, denn immer wenn Sie nicht reden, die Zunge also nichts zu tun hat, liegt die Zungenspitze idealerweise hinter den oberen Schneidezähnen am sogenannten Alveolarfortsatz. Das heißt nicht an den Zähnen, sondern knapp dahinter. Die Kiefer sind leicht geöffnet, man könnte zum Beispiel ein Blatt Papier zwischen den Zähnen durchziehen.

Die Realität sieht oft anders aus. »Verbissensein im Alltag«, »Sich in eine Aufgabe verbeißen«, das kennen wir. Dass manche dies wortwörtlich tun, haben wir ebenfalls schon erwähnt.

Finden Sie nun bitte heraus, ob das bei Ihnen der Fall ist. Machen Sie sich einen Klebepunkt auf Ihre Unterlagen, Ihren PC, auf die Fernsehfernbedienung … und erinnern Sie sich, immer wenn Sie den Punkt sehen, an Ihren Zungenruhelagepunkt. Ist die Zungenspitze oben, wo sie hingehört? Haben die Zahnreihen Kontakt, oder Abstand, wie es sein sollte? Korrigieren Sie das gegebenenfalls. Die lockere Haltung löst Verspannungen im Kiefer und ist Voraussetzung für eine gute Artikulation.

Wie schon erwähnt, ist es wichtig, seine Muskulatur zu lockern, um Verspannungen vorzubeugen. Haben Sie Ihren Kiefer schon mal bewusst locker gelassen? Ausprobieren!

Die folgende Übung ist angelehnt an Übungen aus dem Buch: »Übungsprogramm für eine gesunde Stimme« von Claudia Hammann (2005, S. 76).

Lockerung der Artikulationsorgane

Nehmen Sie sich zwei oder drei bestimmte Zeiten am Tag vor, zu denen Sie Ihrem Kiefer nachspüren. Lassen Sie diesen locker fallen und bewegen Sie ihn langsam und leicht nach links und rechts.

Tipp nicht nur für »nächtliche Zähneknirscher«: Besonders abends, bevor Sie zu Bett gehen, ist ein »Lockerlassen« des Kiefers, verbunden mit dem korrekten Zungenruhelagepunkt, wichtig. Die Anspannung des Tages wird gelöst. Die Muskulatur entspannt sich. Probieren Sie es aus und Sie werden merken, dass es Ihnen dadurch selbst während des Tages immer leichter fällt.

Wissen Sie, *warum* Sie etwas sagen wollen?

Eine eindeutige Intention unterstützt den Stimmgebungsprozess, und Ihre Rede wird mehr Akzeptanz bei Ihren Zuhörern finden. Das bedeutet für Sie: Überlegen Sie sich ganz genau, was Sie vermitteln möchten, und richten Sie sich mit diesem Hintergrund durch Körpersprache und natürlichen Blickkontakt an Ihre Zuhörer. Das Sendungsbedürfnis, das Sie haben, lässt Sie in der Regel deutlicher artikulieren.

Die folgende Übung ist einer Übung nachempfunden, die von Sabine S. Hammer und Monika M. Thiel in ihrem Buch: »Stimmtherapie mit Erwachsenen« (2005, S. 220 f.) veröffentlicht wurde.

Intention verstärken

Versuchen Sie, Ihren Worten Nachdruck und Bestimmtheit zu geben, indem Sie Ihre Stimme am Ende des Gesagten absenken. Mittels kurzer Ausrufe können Sie die Verbindung von Intention und Stimme üben. Solche Ausrufe und Sätze können sein: »Komm her!«, »Geh weg!«, »Los jetzt!«, »Ruhe bitte!«, »Lass das sein!«, »Wunderbar!«.

Interessant ist in dem Zusammenhang ein Dialog nur mit »Ja« und »Nein«. Allein durch Ihre innere Einstellung werden Sie das Wort anders sprechen. Ihr Gegenüber weiß genau, wie Sie es meinen.

Probieren Sie es aus. Sie werden sehr schnell merken, wie viel Bedeutung Sie stimmlich in ein kurzes Wort legen können, allein durch die Veränderung des Stimmklangs!

Weitere Informationen zum Thema Lautstärke finden Sie im folgenden Kapitel »Viel Lärm um nichts – Wie man sich anders Gehör verschafft«.

Viel Lärm um nichts? Wie man sich anders Gehör verschafft

WER SCHREIT, HAT UNRECHT ... – ODER KEINE ANDERE MÖGLICHKEIT

Immer wieder stoßen wir in der Alltagspraxis auf verzweifelte Sprecher, die sich in Gruppen nicht durchsetzen können. Das reicht von der frustrierten Lehrkraft, die sich den Schülern und deren grundsätzlicher Einstellung zum Lehrkörper nicht mehr gewachsen sieht, bis hin zu dem Mitarbeiter, der sich mit seinem Thema und seinen Aussagen in täglichen Meetings kein Gehör verschaffen kann.

»Die anderen reden einfach weiter.Ich komm stimmlich nicht durch.« So klingt das oft. Die letzte Möglichkeit ist für die meisten das Schreien, beziehnugsweise sehr laut zu sprechen. Das lässt sich nur leider nicht dauerhaft durchhalten. Nicht nur, dass es schnell zu Schmerzgefühlen im Halsbereich kommt. Das sehr laute Sprechen wird einem vielleicht sogar als Aggression ausgelegt. Wobei manch einer wahrscheinlich in dem Moment tatsächlich sehr sauer und »geladen« ist. Wer wird schon gerne überhört?

Laut sein und sich damit durchsetzen ist einfach auf Dauer nicht durchhaltbar für Sie – und vor allem nicht aushaltbar für Ihre Zuhörer. Im Folgenden finden Sie daher alternative Möglichkeiten, mit denen Sie Stimmkraft sparen können. Somit können Sie das Durchhaltevermögen Ihrer Stimme erhöhen und außerdem das Interesse der Hörer fördern. Das erleichtert Ihnen den Sprechalltag und lässt Sie den Spaß daran neu entdecken.

Wir zeigen Ihnen konkrete Alternativen zur lauten Stimme sowie Anregungen zum gezielten Einsatz der Stimmmelodie. Denn abwechslungsreiches Sprechen fördert die Aufmerksamkeit der Hörer (schließlich sollen sie an Ihren Lippen hängen, oder?!).

Anschließend finden Sie weitere Überlegungen, wie Sie durch zielgerichtete, hörerorientierte Vorbereitung Ihre Zuhörer in den Bann ziehen können und selbst komplexe Inhalte verständlich vermitteln.

ALTERNATIVEN ZUM LAUTSTÄRKEMACHTKAMPF

Wir sind uns wahrscheinlich darin einig, dass es durchaus wirksam sein kann, kurz laut zu werden, um sich in der Gruppe Gehör zu verschaffen. Vorsicht ist geboten, wenn das in den Lautstärkemachtkampf mündet, in die Spirale lauter Redner, lauter Schwätzer.

Versuchen Sie es deshalb einmal anders und probieren Sie vor allem die folgenden Tipps; diese haben bisher in der Regel geholfen.

Damit Sie auch morgen noch kraftvoll sprechen können

Schweigen, Blickkontakt und die Gruppendynamik wirken lassen. Die Zuhörer regulieren sich dann meist untereinander: »Psst, sei doch mal ruhig.« Leider ist das ein Mittel, das etwas Geduld erfordert und unbedingt abwechselnd mit anderen Strategien eingesetzt werden sollte. Denn erfahrungsgemäß können Schüler schweigende Lehrer langfristig sehr gut ignorieren.

Akustische Signale setzen. Zum Beispiel können Sie demonstrativ Fenster oder Türen schließen, wenn Sie mit dem Seminar oder der Unterrichtsstunde beginnen möchten. Das ist besser, als stimmlich laut loszulegen oder zu ermahnen. Wenn Sie die Stimme erheben wollen, dann immer nur kurz, zum Beispiel für einen halben Satz, um sie dann wieder zurückzunehmen und damit die Hörer zum Lauschen zu bringen. Eine gute Vorübung dazu ist das Summen leise – laut – leise (s. Lautstärkeregler, S. 71).

Signale vereinbaren. So ähnlich ist es mit akustischen oder optischen Signalen, die Sie mit den Gruppen vereinbaren. Das ist durchaus sinnvoll. Dabei sind Triangeln oder Glockentöne sicher eher für die Jüngeren geeignet. Weitere Beispiele sind Ampeln im Klassenzimmer oder Pfeifen im Sport. Rote und gelbe Karten wären eine Möglichkeit bei Fußballbegeisterten. Diese setzen zum Beispiel Teilnehmer eines Besprechungsseminars anschließend in ihren Abteilungen erfolgreich ein. Ihrer Fantasie sind hierbei wieder einmal keine Grenzen gesetzt. Selbst Arnold Schwarzenegger hat im Film »Kindergartencop« auf ähnliche Methoden zurückgegriffen, was zeigt, dass Muskeln – und hier im Speziellen: Stimmmuskeln – nicht immer alles lösen können.

Gehen Sie während des Sprechens durch den Raum und nähern Sie sich den besonders Unruhigen. Meist verstummen dadurch Nebengespräche,

> denn durch Ihre körperliche Präsenz wird die Aufmerksamkeit wieder auf Sie gelenkt.
>
> **Sprechen Sie so wenig wie möglich zur Tafel oder zu den Präsentationsmedien Leinwand oder Flipchart.** Der Stimmschall geht sonst von den Hörern weg, und Sie sind akustisch weniger gut zu verstehen. Das ist wie eine Einladung an die Hörer, selbst zu reden oder dem Nachbarn schnell einmal etwas mitzuteilen.
>
> **Kommunikationsregeln vereinbaren.** Gehen Sie auf die »Metaebene« und vereinbaren Sie mit den Schülern oder Seminarteilnehmern Kommunikationsregeln. Wie wollen wir im Unterricht miteinander umgehen? Wie können wir im Seminar die Kommunikationskultur verbessern? Im Bedarfsfall wiederholen Sie die Regeln, erstellen sie neu und regeln Sie die Kommunikation durch Konsequenzen bei Nichteinhaltung.
>
> **Handeln Sie konsequent.** Konsequentes Handeln ist generell ein sehr wichtiges Thema. Überlegen Sie selbst, wie ernst Sie Menschen nehmen beziehungsweise genommen haben, die Konsequenzen androhen, denen aber keine folgten. Wie konsequent sind Sie im Unterricht oder im Seminar? Welches Verhalten einer konsequenten Person hat Ihnen imponiert und was davon könnten Sie selbst noch umsetzen?

Konsequenzen androhen und keine folgen zu lassen, das erleben und üben wir schon in frühester Jugend: »… dann bist du nicht mehr meine Freundin …«, und dann spielen sie doch wieder miteinander, weil sonst kein anderer da ist. Oder vielleicht kennen Sie die Androhungen Ihrer Eltern: »Wenn du das noch mal machst, nehmen wir dich nicht mit in den Urlaub/dann steigst du sofort aus …«, die sich nie umsetzen ließen, weil keiner da war, der in der Zeit auf Sie aufgepasst hätte. Und Schüler wissen inzwischen ganz genau, dass sie ohne Aufsicht nicht vor die Türe geschickt werden dürfen. Das Risiko, dass sie verschwinden, ist zu groß. Und solche Beispiele gibt es noch viele.

Folglich sollten Sie immer nur mit Konsequenzen arbeiten, die sich umsetzen lassen und die Sie selbst dann auch wirklich einfordern. Tun Sie das nicht, tanzen Ihnen die Hörer in kürzester Zeit auf der Nase herum. Erwachsene übrigens ebenso wie Kinder. Sie nehmen den inkonsequenten Redner in seiner Kompetenz nicht ernst! Und das will keiner.

Wenn Sie bewusst mit den Situationen umgehen, sind die Lösungen oft sehr einfach und naheliegend und bedürfen nur eines geringen Aufwands. Meist scheitert es am Fehlen von klaren Regeln und deren konsequenter Umsetzung, wie folgendes Beispiel zeigt.

Urkundenverleihung beim Sportfest: Ein heißer Vormittag neigt sich dem Ende zu. Es werden klassenweise die Besten aufgerufen. Rund fünfzig Schüler stehen aufgeregt schnatternd um den Lehrer herum. Eltern sind dabei und die Kinder laufen immer wieder zu ihnen hin, reden mit ihnen, dann sausen sie zurück in den Kreis um den Lehrer. Es ist Unruhe pur. Der Lehrer versucht immer wieder, sich Gehör zu verschaffen: »Jetzt seid doch mal leiser, sonst höre ich auf.« Aber er macht weiter und keiner nimmt ihn ernst. Der Lärmpegel ist enorm und seine Stimme wird immer schlechter, müder, leiser, heiser.

Die Situation ist für einen Außenstehenden meist einfach zu lösen. Vielleicht hatten Sie beim Lesen auch schon die eine oder andere Idee. Was ist Ihnen eingefallen? Hier nur einige unserer Vorschläge:

Schüler hinsetzen lassen; Applaus für die Verleihung, danach wieder hinsetzen; Sportpfeife als Signal; nur die besten drei der Klasse werden geehrt, die restlichen Urkunden verteilen die Klassenlehrer (damit es nicht so lange dauert); wirklich aufhören zu reden, sobald es lauter wird, mit intensivem Blickkontakt, Eltern einbeziehen …

Todd Whitaker hat ein sehr interessantes Buch verfasst: »Was gute Lehrer anders machen« (2009). Dort fühlt er unter anderem dem Thema Lehrerpersönlichkeit auf den Zahn und hat vielleicht eine Erklärung dafür, warum konsequentes Handeln manchem besser, anderen weniger gelingt: »Wir können viel Zeit und Energie darauf verwenden, nach Programmen zu suchen, die unsere Probleme lösen. Aber meistens bringen diese Programme nicht die Verbesserung oder das Wachstum, das wir erhofft haben. Vielmehr müssen wir uns darauf konzentrieren, was wirklich wichtig ist. Und da geht es nie um Programme, es geht immer um Menschen [die diese Programme umsetzen]. Das heißt nicht, dass es kein Programm gibt, das den Menschen an unserer Schulen Mut machen oder ihnen dabei helfen könnte, besser zu werden. Doch führt kein Programm von sich aus zu einer solchen Verbesserung. Glauben Sie mir, wenn es so ein Programm gäbe, würde es in unseren Schulen längst angewandt« (vgl. Whitaker 2009, S. 19).

Das bedeutet, der Erfolg einer Strategie, eines Programms hängt maßgeblich von der Person ab, die sie umsetzt. Diese Erkenntnis ist nicht unbedingt neu. Doch wer danach handelt, hat mehr Erfolg! An anderer Stelle betont Whitaker nämlich, dass eine der Herausforderungen in jedem Beruf die Fähigkeit zur Selbstreflexion ist.

Deshalb hier noch ein paar anregende Fragen: Wie konsequent sind Sie wirklich? Nutzen Sie alle Möglichkeiten? Als welche Persönlichkeit erleben Sie die Schüler/Seminarteilnehmer? Was können und wollen Sie verändern?

Lernen Sie, es noch besser zu machen. Lernen Sie von den Besten. Beobachten Sie andere und suchen Sie wie zum Beispiel in der Industrie »Benchmarks«. Und vergessen Sie nicht: »Es geht nicht darum, was Sie tun, sondern wie Sie es tun!« (vgl. Whitaker 2009, S. 23).

Unser Tipp an Sie: Nicht alles auf einmal ändern wollen. Besser ist beispielsweise an einem Tag ein Post-it mit einem aufgemalten Auge darauf und dann an diesem Tag konsequent nur auf gezielten Blickkontakt achten!

Nutzen Sie den Fragebogen von Seite 18 mit Frage drei für Ihre individuellen Ziele!

Das Vier-Augen-Gespräch

Eine weitere Möglichkeit, lautes Reden zu umgehen, ist das »Vier-Augen-Gespräch« mit besonders lauten, störenden Schülern oder Zuhörern. In der Gruppe fühlen sie sich in der Regel stärker, doch im Einzelgespräch lässt der Mut nach. Wichtig ist bei diesem Gespräch, dass Sie bei den Fakten bleiben und nicht interpretieren. Das könnte zu einer Blockade beim anderen führen.

Sie könnten beispielsweise sagen: »Ich möchte euch wichtige Sachen beibringen und will das nicht so laut tun müssen.« Oder: »Du sprichst mehr als die anderen und schwätzt auch, während ich spreche. Das will ich so nicht. Das ist den anderen gegenüber unfair. Was können wir tun, dass das aufhört …?« Oder so ähnlich.

Sie bleiben dadurch bei Ihren Beobachtungen, ganz nach den Feedbackregeln Wahrnehmung – Wirkung – Wunsch. Sie sagen nicht: »Du bist ein Schwätzer und dir passt der Unterricht nicht.« oder »Du willst nicht aufpassen«. Das wären Interpretationen, die kein konstruktives Gespräch fördern.

Hilfreich und wichtig ist nach so einem Grundsatzgespräch eine vereinbarte »Beobachtungsphase« von ein paar Tagen oder Wochen und ein Folgegespräch. Das gibt Ihnen die Möglichkeit, im Unterricht/Seminar gezielt an das erste Gespräch anzuknüpfen, zum Beispiel: »Siehst du, das ist jetzt die Situation, die wir besprochen haben.« Oder Sie können im Folgegespräch feststellen, dass sich das Verhalten gebessert hat und sagen: »So wie es die letzten Tage war, soll es bleiben. Das war prima. Was tun wir weiterhin dafür?«.

Bitte nageln Sie uns nicht auf diese Formulierungen fest. Das sind nur Beispiele zur Anregung. Besser ist es, wenn Sie selbst konkret formulieren, was Ihnen wichtig ist. Alles Weitere lernen Sie in speziellen Gesprächsführungsseminaren (zum Beispiel »Konstruktive Eltern- und Schülergespräche«, »Kritikgespräch«, »Mitarbeitergespräche« und viele andere Angebote mehr).

Das persönliche Gespräch schafft auf jeden Fall eine andere Verbindlichkeit als ständige Ermahnungen im Unterricht, die schnell zur »Schülertaubheit« führen.

»Wie war das doch kürzlich mit dem Kollegen, bei dem die ›süßen Kleinen‹ einen Faschingskracher im Unterricht losgelassen haben? – Er hatte bis dahin bei ›Ungehorsam‹ immer wieder gelbe Karten verteilt. Bei drei gab es eine Strafaufgabe. Irgendwie hat er sich aber dieses Mal entschlossen, den Kracher zu ignorieren. Nicht sehr konsequent. Hätte es bei mir nicht gegeben. Wo sind wir denn? Auf dem Kölner Karneval?

Zudem, das hat mir eine Schülerin aus dieser Klasse erzählt, hätten die schlimmsten Störer die Karten einfach zerschnitten. Ich denke, der Kollege hat resigniert.

Wer schützt uns eigentlich vor den bösen Schülern? Vielleicht sollte ich endlich einen Hilfsfonds ins Leben rufen. Mich hat jedenfalls noch nie ein Lehrer mit großen Augen voller Tränen von einem Plakat aus angeblickt und um eine Patenschaft gebeten. Aber vielleicht brauchen wir das?! Patenschaft, Unterstützung, vor allem auch von den Eltern. Mit denen müssen wir ins Gespräch kommen. Aber die lassen ja nichts auf ihre Kinder kommen. Manche merken gar nicht, dass sie zu Hause nur die halbe Wahrheit erzählt bekommen. Kunststück, haben wir doch auch nicht gemacht. Bei den Geschichten daheim standen wir immer im besten Licht da. Wer beschuldigt sich schon gerne selbst. Lieber haben wir gar nichts erzählt. Tja, und dann fallen die Eltern beim Elterngespräch aus allen Wolken.

Elterngespräche sind stimmlich übrigens eine starke Leistung, sowohl vom Durchhalten nach sechs Stunden Unterrricht als auch vom Brustton der Überzeugung her. Den muss man erst einmal haben, wenn der Vater mit seinem Anwalt droht. Gott sei Dank gibt es nicht nur solche Eltern.«

MIT DER STIMME IN BANN ZIEHEN

Es gibt fast nichts Schlimmeres als monotones Sprechen. Das kann so einschläfernd sein!

Vielleicht sagen Sie sich jetzt: »Ich spreche doch nicht monoton!«. Aber unterschätzen Sie nicht die Gleichförmigkeit im Reden, die sich einstellt, wenn man bestimmte Dinge einfach immer wieder sagt.

Ob das nun das 25. Rhetoriktraining ist, der dritte Vortrag oder die 15. sechste Klasse. Sie wiederholen sich, es geht immer um ähnliche Inhalte. Genau das lässt das Sprechen und – in der Folge – das Zuhören schnell einmal langweilig werden. Beobachten und hinterfragen Sie sich und nutzen Sie die Möglichkeiten, interessant zu sprechen. Die Inhalte erreichen die Zuhörer dadurch besser!

Sie werden merken, dass Ihre Stimme oftmals auch Ihre Stimmung widerspiegelt. Sind Sie gerade wütend, aufgeregt, traurig oder haben Sie vielleicht gerade überhaupt keine Lust aufs Sprechen?

Für abwechslungsreiches Sprechen bedienen wir uns verschiedener Techniken. Wenn Menschen versuchen, Emotionen in die Stimme zu legen, greifen sie dabei auf verschiedene Bausteine zurück: Atemdruck, Betonungen, Pausen, Lautstärke, Tempo, Tonhöhenverläufe – meist allerdings unbewusst. Diese Vielfalt ist für praktisches Üben und Verstehen oft zu unübersichtlich.

Daher wurde für Radiotrainings für den besseren Überblick ein vereinfachtes Modell entwickelt: Der Stimmwürfel (© Christina Satzger, Audi Akademie, s. S. 89). In diesem Modell können fast alle Emotionen innerhalb eines Würfels abgebildet werden – je nach Einsatz einer der drei Dimensionen (Lautstärke, Tempo, Tonhöhe). Das bedeutet zum Beispiel, wenn wir Trauer in die Stimme legen, werden wir meist leiser und langsamer. Wenn wir Euphorie ausdrücken wollen, werden wir lauter, höher und meist schneller.

Durch dieses Modell wird es leichter, die Elemente gezielt und den Inhalt unterstützend einzusetzen.

Natürlich kann man Trauer auch herausschreien oder leise euphorisch sein. Beides ist möglich. Das ist persönlichkeitsabhängig. Eine Rede von Angela Merkel wird immer anders sein als eine von Guido Westerwelle oder Gregor Gysi.

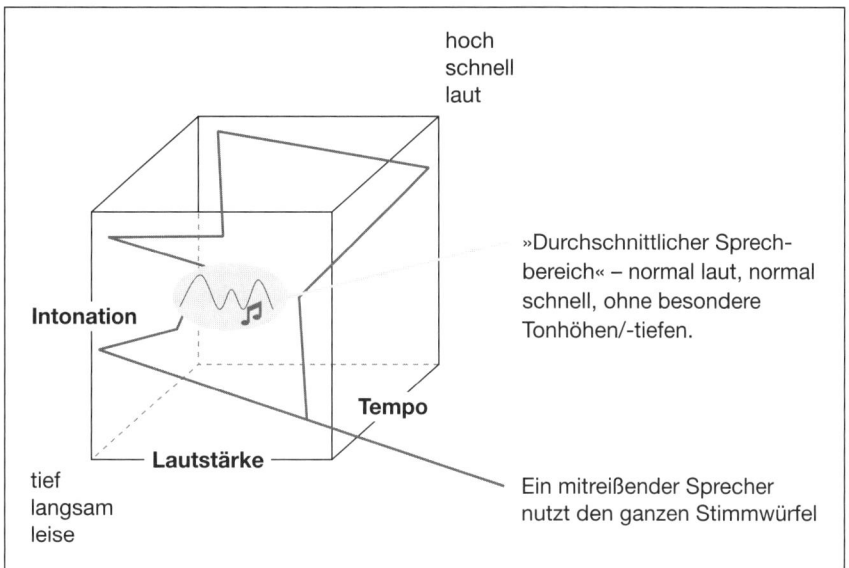

Abb.: © Christina Satzger, Audi Akademie

Das Modell soll im ersten Schritt helfen, je eine der Stimmdimensionen anzugehen und damit zu erleben, was sich im emotionalen Ausdruck der Stimme verändert. Im zweiten Schritt soll es Sie dabei unterstützen, die einzelnen Dimensionen gezielt einsetzen zu können.

Emotionales Sprechen zu lernen erfordert mehrere Lernschritte. Der erste Schritt besteht darin, innerhalb des Würfels gezielt mit einer der Stimmdimensionen zu spielen. Die Dimensionen sind folgende:

- Lautstärke (sehr leise → sehr laut)
- Tempo (sehr langsam → sehr schnell)
- Intonation (tief → hoch) einzelner Buchstaben, Wörter oder Sätze

Unten links im Würfel befindet sich demnach kumuliert: sehr leises, sehr langsames Sprechen mit vielen Tontiefen. Oben rechts im Würfel befindet sich dagegen sehr lautes, sehr schnelles Sprechen mit vielen Tonhöhen.

Mit der Stimme spielen, Menschen »mitnehmen« und begeistern – der Stimmwürfel erleichtert die Umsetzung der vielen Möglichkeiten. Sollten Sie bisher Ihre Stimme kaum nutzen, um gezielt Ihre Zuhörer mitzureißen oder zu motivieren, dann werden Sie sich im ersten Moment beim Ausprobieren vielleicht als übertrieben erleben.

In Trainings melden Teilnehmer das häufig als ersten Eindruck zurück. Denn wenn wir stimmlich zum ersten Mal in der Lautstärke oder der Modulation variieren, ist unser Ohr das nicht gewöhnt und meldet als braver Mechaniker ans Gehirn: »zu viel«. Aber wenn Sie diesem Mechaniker viele Male diese Modulationen zu hören geben, wird er sie ziemlich schnell als »normal« einstufen.

Das ist nicht anders als beim Auto: Wenn ein Mechaniker in einer Werkstatt immer nur Vierzylindermotoren hört und dann kommt plötzlich ein Zwölfzylinder vorbei, wird er im ersten Moment vielleicht auch sagen: »Wie krass.« Aber wahrscheinlich kommt direkt danach: »Aber cool!«. Das soll nicht heißen, dass ein Zwölfzylindermotor besser ist als ein Vierzylindermotor, er ist nur melodisch auffallender und somit interessanter.

**Übungen rund um den Stimmwürfel
(© Christina Satzger, Audi Akademie)**

Um laut und leise zu variieren, finden Sie einige Anregungen bei den Stimmübungen (s. S. 71 ff.). Ganz gut lässt sich die Variation des Sprechens anhand von Lesetexten ausprobieren. Daher haben wir noch einige Übungen, bei denen Sie den Stimmwürfel (© Satzger) ebenfalls gezielt nutzen können, angefügt.

Tempovariationen

Nehmen Sie irgendeinen Text aus einer Zeitung oder Zeitschrift. Lesen Sie den Text laut in Ihrem üblichen Tempo. Wo würden Sie sich dabei auf der Dimension Tempo im Würfel einordnen? Im ersten Schritt verändern Sie einfach nur das Tempo. Beginnen Sie sehr, sehr langsam, im zweiten Schritt lesen Sie mit normalem, mittlerem Tempo. Sprechen Sie dann in einem dritten Durchlauf den Text übertrieben schnell und trotzdem noch gut artikuliert. Versuchen Sie, bei dem schnelleren und dem langsameren Tempo *bewusst nur das Tempo und nicht die Lautstärke oder Tonhöhe zu verändern*. Das heißt: Wenn Sie langsamer lesen, werden Sie nicht gleichzeitig leiser und/oder tiefer! Auch nicht lauter und/oder höher beim schnelleren Lesen.

Und als Letztes lesen Sie den Text nochmals, wobei Sie an zwei Stellen einfach bewusst das Ihnen angenehme Tempo für ein paar Worte verändern. Damit variieren Sie Ihren »durchschnittlichen Sprechbereich« im Würfel visuell betrachtet entweder nach vorne oder nach hinten.

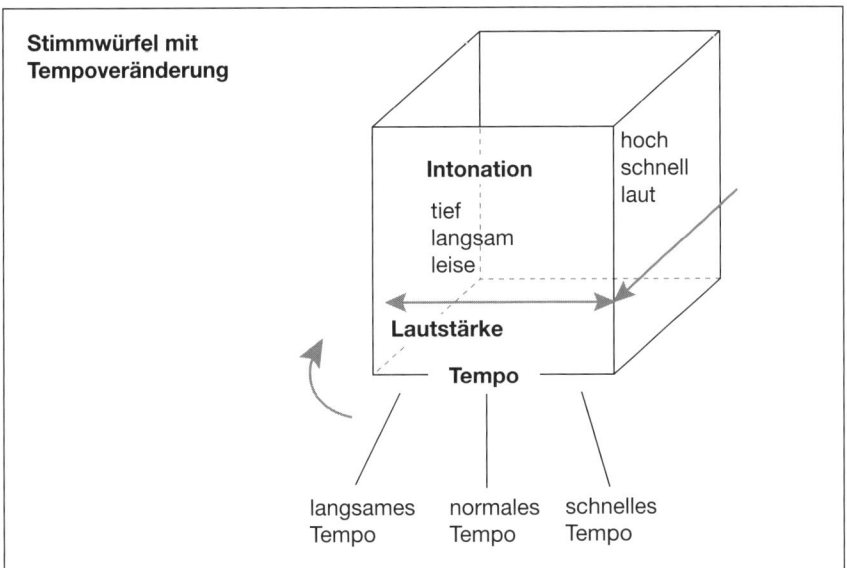

Abb.: © Christina Satzger, Audi Akademie

Nun eine weitere Übung für das richtige Betonen (s. auch den Abschnitt »Bewusst betonen«, S. 74 ff. im Kapitel »Stimmt die Stimme?«), hier jetzt mit der Möglichkeit, sich über den Stimmwürfel einzuordnen und zu prüfen, ob alle Möglichkeiten ausgenutzt sind (oder sind es sogar zu viele?).

Die gezielte Betonung 1

»Nachdem ich mich heute um dieses Mikrofon versammelt habe, ergreife ich nicht nur das Wort, sondern auch die Gelegenheit, mich mit demselbigen an Sie zu wenden.

Da wir alle so schön zusammengekommen sind, dürfen Sie mir auch was schenken.

Sie wissen auch schon, was: erstens Aufmerksamkeit, und zweitens Gehör. Und wenn Sie mir schon nichts schenken wollen, dann bitte ich Sie, mir zumindest Ihr Ohr zu leihen. Sie können sich das Ohr nachher an der Garderobe wieder abholen. Sie hören als zweites gleich das erste ...«

(Heinz Erhardt)

Markieren Sie dafür im Text die Worte, die Sie beim anschließenden Lesen besonders betonen wollen. Denken Sie daran, pro Satz ist in der deutschen Sprache maximal ein Hauptakzent üblich, und der liegt *nicht* automatisch auf dem letzten Wort. Versuchen Sie nun, beim ersten Lesen die markierten Wörter im Satz jeweils einen Ton tiefer zu sprechen – damit verlassen Sie, im Stimmwürfel (© Satzger) visuell gesehen, einfach den durchschnittlichen Sprechbereich nach unten. Versuchen Sie im zweiten Anlauf die markierten Wörter höher zu sprechen als den restlichen Text. Sie verlassen nun den durchschnittlichen Sprechbereich nach oben (s. Abb. unten). Diese Übung soll vor allem Ihr Ohr schulen.

Das Gleiche können Sie mit der Lautstärkevariation für die Betonung ausprobieren. Das betonte Wort wird mit etwas mehr Nachdruck, also ein wenig lauter gesprochen. Entsprechend variieren die Pfeile auf dem Stimmwürfel im Lautstärkebereich.

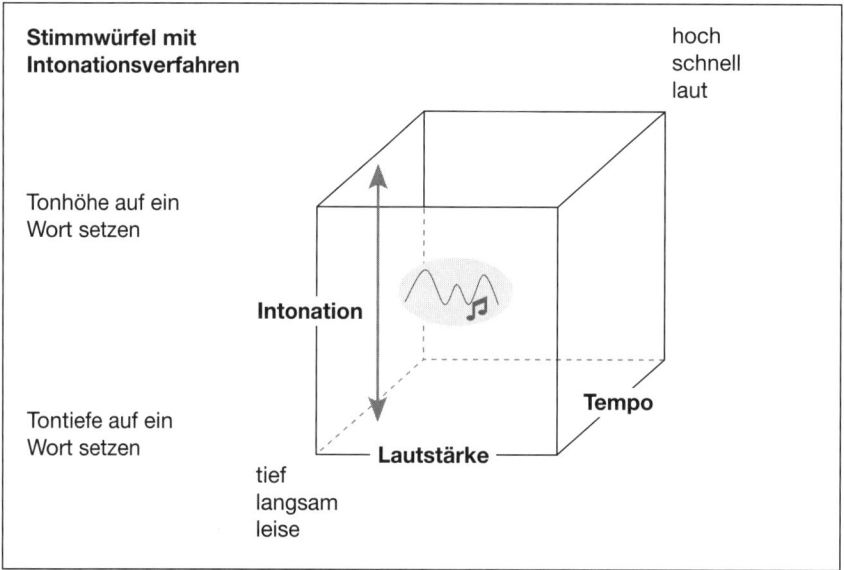

Abb.: © Christina Satzger, Audi Akademie

Oft markieren wir die falschen oder zu viele Wörter und machen uns die Übung unnötig schwer. Daher zum Üben noch ein sachlicher Text zu einem politisch immer wieder aktuellen Thema. Anschließend erhalten Sie die Lösung (nicht schummeln, erst selbst probieren!) auf der nächsten Seite.

Die gezielte Betonung 2

Im Folgenden können Sie die Stellen mit einem Pfeil nach oben oder unten markieren – je nachdem, ob Sie als Betonung eine Tontiefe oder Tonhöhe verwenden wollen, – oder unterstreichen, wenn Sie mit Nachdruck/Lautstärke variieren wollen.

»Was bislang gefehlt hat, war einerseits der politische Wille, entsprechend qualitativ gute Angebote zur Verfügung zu stellen, und andererseits die pädagogische Fantasie, neue familien- und kindgerechte Formen der außerfamilialen Betreuung zu prüfen, nicht als Ersatz, sondern als sinnvolle Ergänzung.

Jene Mütter, die gar nicht mehr in den Beruf zurückwollen, sondern ihre Kinder selbst betreuen möchten, sollten von der Gesellschaft nicht unter Druck gesetzt werden, doch gefälligst wieder erwerbstätig zu sein.« (aus: Rossié 2000, S. 214)

(Lösung s. S. 94)

Für den Übertrag in den Alltag versuchen Sie in einem weiteren Schritt irgendeinen Satz laut zu sprechen und das, worauf es im Satz ankommt, sprechen Sie entweder einen Ton höher oder tiefer (oder etwas lauter, also mit etwas Nachdruck). Am besten können Sie dies üben, indem Sie freundlich gesinnten Zimmerpflanzen etwas erzählen. Die nehmen es Ihnen sicher nicht übel.

Emotionen im Sprechen

In einem weiteren Übungsschritt arbeiten Sie nun mit Emotionen (Freude, Wut, Angst, Ungeduld …). Versuchen Sie, mithilfe des Stimmwürfels (© Satzger) die Emotion stimmlich einzuordnen. Würden Sie schnell oder langsam sprechen, laut oder leise, mit Tonhöhen (verwenden wir vor allem bei Freude, Neuigkeiten, Überraschung) oder mit Tontiefen (verwenden wir vor allem für Vertrauen, Glaubhaftigkeit, Entspannung).

Um nicht durch die Worte bereits die Emotion auszudrücken, versuchen Sie, einen neutralen Alltagssatz (s. Übungskasten) mit der jeweiligen Emotion zu sprechen.

Wichtig: Um Emotionen in die Stimme transportieren zu können, benötigen wir unbedingt unseren Körper. Denn emotionales Sprechen ist eine Ganzkörperleistung. Und das bedeutet zum Beispiel: hochgezogene Augenbrauen, straffe Körperhaltung, sprechbegleitende Gestik oder ein Lächeln.

Die Stimme kann mithilfe des Körpers viel besser arbeiten. Also: Ihre Pflanze wird Sie sicher nicht verraten!

Emotionen einsetzen

Hier ein Beispiel für einen Satz, den Sie mit Emotionen füllen können:

»*Heute gehe ich in den Supermarkt und kaufe Salat, Tomaten und Obst und werde an der Kasse ungefähr fünf Minuten anstehen.*«

Probieren Sie es aus: sachlich, freundlich, freudig, vertrauensvoll, direktiv, angespannt, nachdenklich, ungeduldig, motivierend, genervt, zögerlich ...

Diese Übung wird Ihnen vielleicht nicht gleich beim ersten Mal perfekt gelingen, aber beim dritten Mal bestimmt schon viel besser!

Es lohnt sich sowohl für Ihr Alltagssprechen als auch, um abwechslungsreich und interessant Wissen vermitteln zu können.

»*Wer schult eigentlich die Flugbegleiter? Wäre ein spannendes Feld für mich. Die klingen doch oft, als hätten sie irgendetwas genommen, und begrüßen einen gleichmäßig auf- und absäuselnd ›auf unserem Flug 101 nach Nürnberg‹. Und wenn wir gerade dabei sind, die U-Bahn-Stimmen sind zwar inzwischen meist technisch normiert und damit weniger emotional, aber immerhin verständlicher als der übel gelaunte Durchschnittsbayer, der die nächste Station so ins Mikrofon nuschelt, dass die Touristen in dieser Weltstadt mit Herz ernsthaft Probleme mit ihrer Zielfindung bekommen.*«

Lösung der Übung »Die gezielte Betonung 2«

Die betonten Wörter sind fett gedruckt.

»Was bislang ge**fehl**t hat, war **einerseits** der politische **Wille**, entsprechend qualitativ gute Angebote zur **Verfügung** zu stellen, und **andererseits** die pädagogische **Fantasie**, neue familien- und kindgerechte Formen der außerfamilialen Betreuung zu **prüfen**. Nicht als **Ersatz**, sondern als sinnvolle **Ergänzung**.

Jene Mütter, die gar nicht mehr in den Beruf **zurückwollen**, sondern ihre Kinder selbst betreuen möchten, sollten von der Gesellschaft nicht unter **Druck** gesetzt werden, doch gefälligst wieder **erwerbstätig** zu sein.«

KOMPLEXE INHALTE VERSTÄNDLICH VERMITTELN

Wie hoch war Ihre Bereitschaft in der Schule, sehr komplexen Inhalten zu folgen? Haben Sie sich während der Schulzeit auch manchmal gefragt: »Wofür brauche ich das Zeug eigentlich?«.

Eine Klassenkameradin fragte das einmal die Lehrer direkt, doch die Antworten darauf waren in der Regel eher unbefriedigend. Denn dass man »für das Leben« lernt, lernt man erst durch das Leben. In jungen Jahren leuchtet einem das nicht ein. Wenn wir gewusst hätten, dass wir eines Tages ausrechnen müssen, wie viel Farbe wir zum Streichen unserer Studentenbude kaufen sollten, oder wie schnell wir fahren müssen, um die Freunde noch vor dem Urlaubsort wieder einzuholen – wir hätten in Physik und Mathe sicher besser aufgepasst.

Auf der anderen Seite unterschätzen wir als Lehrende die Möglichkeiten, unsere Zuhörer zu motivieren, für die Inhalte zu begeistern, sie da abzuholen, wo sie gedanklich und vom Wissen her stehen. Wir können ihr Interesse wecken, indem wir Formulierungen und Beispiele aus ihrer Welt verwenden, damit die Hörer sich angesprochen fühlen und nicht nur um des Lernens willen lernen. Damit lassen sich selbst Themen, die sehr komplex, trocken oder verwirrend sind, ansprechend vermitteln.

Das kommt uns dann als Sprecher zugute, denn die Zuhörer lauschen gespannt und lassen sich nicht so leicht ablenken, sie sind motiviert und leichter aktivierbar.

Im Seminar legen wir als Trainer gesteigerten Wert auf den Aspekt Motivation. Vor allem bei Präsentationen soll der Hörer durch einen gelungenen Einstieg gleich den Nutzen des Vortrags für sich erkennen können.

Immer wieder kommt es vor, dass Teilnehmer zu Beginn des Seminars der Meinung sind, ihre beruflichen Themen seien so trocken, so komplex, so gespickt mit zu vielen Zahlen, dass man dies nicht interessant vermitteln könne.

Etwas Ähnliches kennen wir von Lehrkräften, die in ihrer Ausbildung bedingt durch den Lehrplan viel mehr Wert auf Inhalte als auf Didaktik, Pädagogik und Psychologie legen konnten. Dabei ist im schulischen Bereich Motivation ebenfalls ein großes Thema.

Die erfreuliche Nachricht für alle, die Zuhörer motivieren wollen: Erste Schritte dafür sind ganz einfach in der Vorbereitung der inhaltlichen Bereiche zu finden. Meist sind wir als Redner allerdings etwas »betriebsblind« und erkennen die einfachen und naheliegenden Möglichkeiten nicht.

Ein gutes Beispiel ist ein Erdkundelehrer, der nach den Sommerferien seinen Unterricht damit begann, dass er auf einer großen Karte markieren ließ, wo die Schüler im Urlaub gewesen waren. Dann erläuterte er, welche Länder in diesem Schuljahr Thema sein werden, über welche Regionen gesprochen wird und dass das doch eine gute Anregung für die nächsten Ferien sein könnte.

Der Einstieg hätte ganz simpel und sachlich korrekt mit dem Überblick über das Schuljahr beginnen können. Doch dieser Lehrer nutzte die Gelegenheit, bei den Schülern durch persönliche Betroffenheit Interesse zu wecken.

Wenn die Hörer einen persönlichen Nutzen erkennen, eine Brücke zu ihrem Alltag schlagen können, dann sind sie lernbereiter. Nutzen Sie das. Und wenn Sie es schon tun, dann finden Sie weitere Möglichkeiten! Es ist eine Herausforderung, die richtig Spaß machen kann.

Im Folgenden erhalten Sie ein paar Anregungen und Tipps zur Aufbereitung komplexer Inhalte bei Vorträgen, im Unterricht und in Seminaren. Denn, wie gesagt, zufriedene und interessierte Hörer schonen Ihre Stimmkraft.

Einstieg, Zusammenfassung, Schluss

Ein gelungener *Einstieg* und ebenso der Ausstieg aus der Stunde, dem Seminar, dem Vortrag geben Ihrem Reden den Rahmen. Das ist wie bei einem schönen Bild: Der Rahmen hebt die Bedeutung hervor.
    Und nicht nur das, Ihr Redebeginn ist der erste Kontakt des Hörers mit dem Thema und mit Ihnen als Sprecher. Hier entscheidet der Schüler oder Seminarteilnehmer intuitiv über Ihre Kompetenz und ob er Ihnen zuzuhören bereit ist.
    Wählen Sie je nach Zuhörerschaft das Passende aus:

- Verwenden Sie als Einstieg ein Beispiel aus der Welt der Zuhörer.
- Suchen Sie einen Anknüpfungspunkt zum aktuellen Anlass.
- Erzählen Sie zu Beginn eine kurze Anekdote.

- Bringen Sie zum Thema etwas zum Anfassen mit.
- Beginnen Sie mit einem Zitat oder einem Sprichwort, auf das Sie am Ende gut zurückkommen können.
- Ein *gelungener* Scherz zu Beginn ist ebenfalls eine gute Einstimmung.
- Oder Sie können sich ein passendes Bild ausdenken, das Sie beschreiben.
- Ein paar Fragen zur gedanklichen Einstimmung können ebenso ein guter Anfang sein.

Frei nach der Regel in Lehrerkreisen: »Zuerst ›spricht‹ das Bild, dann der Schüler, dann der Lehrer!«. Es geht darum, die Neugier und das Interesse der Zuhörer zu wecken, ihnen den Nutzen zu verdeutlichen, sie auf das einzustimmen, was folgt.

Zusammenfassungen und Wiederholungen tragen zur Nachhaltigkeit bei. Die gezielt eingesetzte Stimmmelodie unterstreicht die Wichtigkeit.

In der Rhetorik heißt es: »Der Anfang prägt, das Ende haftet.« Deshalb sollten Sie den *Schluss* unbedingt ankündigen. Zum Beispiel können Sie sagen: »Damit kommen wir zum Ende/zum letzten Punkt.«. Diese Worte haben Signalwirkung, ohne dass Sie sich stimmlich anstrengen müssen. Wenn Sie Ihr Publikum beobachten, werden Sie bemerken, dass sich mit diesen Worten die Aufmerksamkeit wieder auf Sie richtet, auch wenn zwischendurch ein Zuhörertief eingetreten sein sollte. Achten Sie einmal darauf, wie es Ihnen selbst als Zuhörer in einem Vortrag bei diesen Worten geht.

Der Schluss wird leider in vielen Fällen vernachlässigt. Die Stunde ist irgendwann zu Ende, und schnell werden noch wichtige Dinge nachgeschoben. Kalkulieren Sie auf jeden Fall ausreichend Zeit ein für den Schluss, um den Hörern das Wichtige noch einmal mitzugeben.

Der Allradantrieb bei der Vorbereitung Ihrer Sprechinhalte

Allradantrieb, bei Audi auch quattro® genannt, heißt in unserem Fall, dass vier Punkte bei der Vorbereitung von Themen wichtig sind.

Diese vier Punkte – Thema, Ziel, Hörer, Zeit – sind entscheidend dafür, welchen Einstieg man wählt, welche Inhalte vermittelt werden, in welcher Reihenfolge, in welchem Detaillierungsgrad und mit wie vielen Beispielen unterfüttert. Wenn diese vier Punkte beachtet werden, sorgt dies sozusagen für einen gleichmäßigen, sicheren Antrieb des Sprechens.

Je bewusster Sie diese Punkte kurz gedanklich durchspielen, umso sicherer sind Sie in der Vorbereitung und damit Durchführung des Themas.

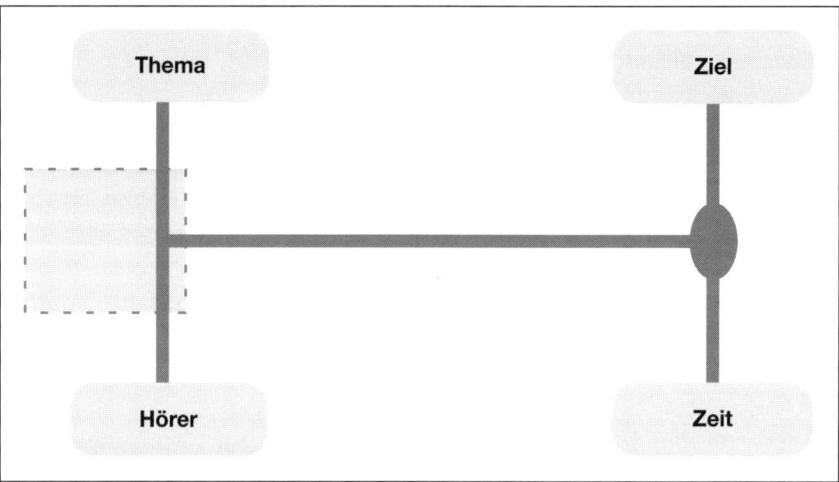

Abb.: Allradantrieb für optimale Vorbereitung

Thema

Nicht einfach nur: »Die Hecke«, »Logarithmen« oder »Kommunikationsregeln«. Besser: »Die Bedeutung der Hecke«, »Funktionsweise und Regeln der Logarithmen« oder »Einführung und Erarbeitung wichtiger Kommunikationsregeln«. Gerade in Präsentationssituationen wird meist viel zu selten nach dem konkreten Thema gefragt. Der Vortrag wird dann zu umfangreich, über- oder unterfordert somit die Hörer.

Klar, wir als Experten haben natürlich unendlich viel zu unserem Themengebiet zu sagen und sind oft selbst von der Fülle erschlagen. Deshalb ist es wichtig, auch die anderen drei Punkte genau zu hinterfragen.

> Die bedeutende Frage in der Vorbereitung eines Themas ist nach der Stoffsammlung immer: »Was passiert, wenn ich diesen oder jenen Punkt weglasse?« Überraschenderweise bei den meisten Punkten nicht viel.

Wir sind als Redner nicht perfekt, wenn wir der Rede/dem Thema nichts mehr hinzufügen können. Die Perfektion besteht darin, es so zu gestalten, dass definitiv nichts mehr weggelassen werden kann. Dann ist es kurz und prägnant und kann je nach Zeit, Ziel und Hörerschaft »ausgeschmückt« werden (mit Beispielen, Anschauungsmaterial und vielem mehr).

Die Auswahl der Inhalte für das Thema ist bildlich übrigens vergleichbar mit einem Haus: tragende Wände, Dach und Bodenplatte müssen unbedingt vorhanden sein (also das Grundgerüst – Ihre Hauptpunkte müssen stimmen). Wie Sie dann die Zimmer gestalten, Wände rausreißen oder einziehen, bleibt Ihnen überlassen und richtet sich nach Ziel, Hörern und Zeit.

Ziel

Das Ziel soll als Zustand beschrieben werden. Das bedeutet zum Beispiel: Die Hörer wissen am Ende, wie eine Hecke aufgebaut ist, wer darin lebt und was sie für uns bedeutet. Der gedankliche Trick dabei ist, dass das Ihre Grobgliederung des Inhalts ergibt und Ihnen noch einmal verdeutlicht, was Sie konkret vermitteln wollen. Und eben nicht nur: »Die Schüler kennen sich damit aus.« Das ist zu allgemein formuliert. Genauso kann Ziel sein »Die Hörer sind überzeugt, dass …« oder »Haben … als Entscheidungsgrundlage.«

Hörer

Sie sollten sich fragen: Mit wem habe ich es zu tun? Welche Ideen, Meinungen, welches Wissen und Interesse haben die Teilnehmer an der Veranstaltung? Welche Vorbehalte? Was nutzt ihnen das Thema? Welche Einwände könnten kommen? Welche Fragen? Genau diese Fragen sollten Sie sich vorab stellen und berücksichtigen. So erhalten Sie aufmerksame Zuhörer und können dadurch anstrengungsfrei sprechen. Denn Sie sind gut gewappnet.

Zeit

Wie viel Zeit steht zur Verfügung? Was passt inhaltlich in welcher Reihenfolge in diesen Zeitrahmen? Was ist die kürzeste Version, falls unvorhergesehen etwas dazwischen kommt? Welche Medien können das Gesagte unterstützen? Mit wie viel Aufwand?

Wenn Sie all das berücksichtigen, können Sie entspannt Ihrem Vortrag, Ihrer Präsentation oder Ihrem Unterricht entgegensehen.

Fazit: Abschließend lässt sich sagen, dass es eine Menge Möglichkeiten gibt, sich alternativ zum lauten Sprechen Gehör zu verschaffen. Nun gilt es nur noch, diese Möglichkeiten im Alltag gezielt zu nutzen. Das spart Stimmkraft!

Der ganz normale Wahnsinn

MENSCHEN WIE WIR UND SIE

In den vorangegangenen Kapiteln konnten sie unsere zwei Protagonisten, die Lehrerin und den Trainer, bereits kennenlernen. Beide haben uns abwechselnd mit ihren Kommentaren durch das Buch begleitet. Beide haben selbst das Buch gelesen und sich ihre Gedanken dazu gemacht.

Nun haben Sie die Gelegenheit, den beiden in ihrem Alltag zu begegnen. Sie können verfolgen, wie die beiden versuchen, die gesammelten Erkenntnisse aus diesem Buch in ihren Alltag zu integrieren. Dass das nicht immer reibungslos funktioniert, liegt in der Natur der Dinge, aber lesen Sie selbst und finden Sie dadurch Anregungen für Ihre eigenen Umsetzungsstrategien, für Ihre berufliche Praxis.

Punkte, die hier im Buch oder im Buch »Die Stimme wirkungsvoll einsetzen« angesprochen werden, sind der Übersichtlichkeit wegen fett gedruckt.

Nutzen Sie abschließend unbedingt die Gelegenheit, die Übungen, Anregungen oder Tipps, die Ihnen persönlich hier im Buch zugesagt haben und die Ihnen wichtig für die Umsetzung im Alltag erscheinen, schriftlich festzuhalten. Das können Sie mit dem Eingangsfragebogen auf Seite 18 bei Frage drei tun. Das ist Ihr persönlicher Lernzielbegleiter!

WIE EIN KRIMI – LEHRERALLTAG MIT TIPPS FÜR DIE STIMME

Ich wache auf. Es ist kurz vor sechs Uhr an einem Dienstag im Juni. Noch fünf Wochen bis zu den Sommerferien. Verschlafen blicke ich aus dem Fenster. Ich gähne ausgiebig, **dehne und strecke mich**, um in eine passende Körperspannung zu gelangen.

Oh nein, das sieht wieder nach einem sonnigen Tag aus. Ich stelle mir im Kopf ein Outfit zusammen, bei dem ich mir sicher sein kann, dass nicht einmal kritische Sechstklässlerinnen nasse Stellen unter den Armen erkennen werden. Der Wecker klingelt.

Vor dem Spiegel erkenne ich mit Freude, dass ich mich gestern Abend noch abgeschminkt habe und meine Haare doch ganz passabel aussehen. Das spart mindestens fünf Minuten.

Ich denke, dass ich die Zeit für ein kleines Warming-up meiner Gesichtsmuskulatur nutzen kann und **streiche mein Gesicht aus**, forme mit meinen Lippen im **Wechsel ein** »**U**« **und ein** »**I**« und lasse meine **Lippen flattern**. Mein Stimmratgeber gibt an, damit wie ein Sportler seine Muskulatur aufzuwärmen.

In der Küche läuft der nächste Teil meiner stillen Morgenroutine ab. Gläser und Flaschen vom Vorabend wegräumen, To-go-Tasse spülen, Müsli machen und essen, Kaffee kochen und in To-go-Tasse füllen. Schultasche, Schlüssel, Kaffee, Sonnenbrille.

Mein Auto springt sofort an. Der Tank ist halb voll, jemand im Radio singt von *sunshine* und zum ersten und letzten Mal an diesem Tag denke ich, dass ich eine ganz gute Lehrerin bin. Das lockere, entspannte **Summen auf mmmom und mmmum** im Auto lässt meine Stimme aufwachen und den Stimmsitz weiter nach vorne bringen. Ich assoziiere das Stimm-Mobil®.

Kein Stau, das bedeutet, ich werde eine Spitzenposition am Kopierer ergattern. Das heißt, falls nicht wieder einer dieser Referendare vor mir da ist, der dann doppelseitig, verkleinert und geklammert drei Klassensätze braucht, Papierstau verursacht und dann den Hausmeister nicht findet …

Ich betrete die Schule und fülle mir meine 1,5-l-Flasche an dem neuen, vom Stadtrat persönlich eingeweihten Wasserspender in der Aula auf. Wie jeden Tag nehme ich mir fest vor, sie zu auszutrinken. Heidi Klum trinkt mindestes zwei bis drei Liter Wasser am Tag; und ich muss ja an meine Stimme denken, denn das **über den Tag verteilt getrunkene Wasser** verhindert das Austrocknen meiner Stimmlippen. Schüler sind schon da und führen sich auf, als hätten sie dreimal so viel Kaffee getrunken wie ich.

Kaum habe ich das Lehrerzimmer betreten, schlägt mir gestresstes Stimmengewirr entgegen. Es kommt von einer Gruppe von Kolleginnen und Kollegen, die sich vor dem Vertretungsplan versammelt haben. Wie damals an der Uni, als man seinen Namen auf der Liste der Studenten suchte, die eine Prüfung bestanden haben, wandern meine Augen von den Lehrerkürzeln mit A nach unten. Aber ... was für ein Tag! Keine Vertretung! Pfeifend schlendere ich zu meinem Platz und sortiere meine frisch kopierten Arbeitsblätter.

Vorgong. Auf halben Weg merke ich, dass ich meine Wasserflasche vergessen habe. Ich will sie gerade noch holen, als sich mir Frau Hammerschmidt in den Weg stellt, ihren Arm bei mir einhakt und mich bestimmt in Richtung Klassentrakt führt. »Guten Morgen, meine Liebe, Sie haben doch Englisch in der 6d, oder? Ist Ihnen auch aufgefallen, dass Yannic sich im Unterricht völlig verweigert? Bei Ihnen auch, ja? Ich sage Ihnen, das kann so nicht weitergehen. Wir halten in der ersten Pause eine kurze Klassenkonferenz ab. Bis dann und daaaankeee.«

Erste Stunde Englisch in der 8b. Im Klassenzimmer riecht es nach Kreidestaub und Plastikvorhang. Ich wähle sorgfältig einen Schüler aus, der mir nicht selbstmordgefährdet erscheint und trage ihm auf, das Fenster zu öffnen. Der Stimmeratgeber empfiehlt, auf ein **angemessenes Raumklima** zu achten, um einer trockenen Luft und somit Trockenheit im Halsbereich vorzubeugen. Die anderen Fenster sind vorsichtshalber abgeschlossen. Das Zimmer befindet sich im Erdgeschoss. Dieselben Kinder, die eben noch süß und verschlafen im Flur auf mich gewartet haben, sind wieder einmal mit dem Gongschlag zu Schülern mutiert. Als hätten sie gerade entdeckt, wie ihre Stimmbänder (umgangssprachlich für Stimmlippen) funktionieren, prasselt ein Kugelhagel aus Entschuldigungen, Anschuldigungen, Fragen, Beschwerden und Gesprächsfetzen auf mich ein. Von »Ey, Hausi war voll schwer, die hat nich mal mei Bruder kapiert!« bis »Machen wir heut Unterricht?« prallt zunächst alles von mir ab.

Mir wird klar, dass jetzt schnell ein akustisches Signal her muss, das alle verstummen lässt und meine Stimme schont ... **Aufrecht stehen, Blickkontakt**, gegebenenfalls mit dem Schlüsselbund als **Glockensignal** die Blicke auf sich ziehen.

Im Englischunterricht gilt es zunächst, den **Sprechanteil der Schüler** zu erhöhen. Schön und gut. Ich plane dies sorgfältig in jede meiner Stunden ein, nur um es nach den ersten zehn Minuten in dieser Klasse in meinem Kopf zu zerknüllen und stur Frontalunterricht durchzuziehen. Ich kann ja nicht schon in der ersten Stunde meine Nervenreserven aufbrauchen. Auf meinen Unterlagen sehe ich einen **Smiley** und das Wort »Stimmlage«. Ich lächle also kurz und senke meine Stimme bewusst etwas ab, indem ich ein **entspanntes zustimmendes /mhm/** anstimme. Sofort klinge ich nicht mehr so hysterisch. Toll.

Gong. Zweite Stunde: 5a. Erdkunde. »Schreiben wir eine Ex?«. Ich sage aus Spaß »Ja« und bereue es im nächsten Moment … Es dauert über sieben Minuten, bis sich die eine Hälfte vom Schock erholt hat, weil sie nichts gelernt haben, und die andere Hälfte von ihrer Vorfreude, weil sie so gut gelernt haben. Ich erinnere mich, dass allgemeine Ermahnungen nichts bringen und brülle, aber in aufrechter Haltung: »Paaaaauuuul, jetzt reicht es!«. Alle sind ruhig. Ich bemerke ein unangenehmes Kratzen im Hals. Ich **huste, statt mich zu räuspern**, und nehme mir vor, mir morgen die Wasserflasche gleich auf den Tisch zu stellen. Die Stunde kann beginnen.

Gong. Erste Pause. Auf dem Weg zur Konferenz der Soko »Yannic« nehme ich den ersten Schluck aus meiner Wasserflasche. Ich bekomme Hunger und müsste dringend auf die Toilette. Der Chef stiefelt genervt an mir vorbei in den Raum. Gut, dann gehe ich halt in der zweiten Pause. Der Inhalt der Konferenz ist langweilig und ich schweife mit meinen Gedanken ab.

Während der nächsten beiden Schulstunden erhöht sich mein Blasendruck ständig. Ich weiß, dass ich aufrecht stehen soll, ich kann aber nur noch gekrümmt sitzen. Ich sehe offenbar ziemlich doof aus, da mich alle anstarren. Mein Hals ist trocken, aber meine Wasserflasche steht offensichtlich noch im Konferenzraum. Ich krame in meiner Tasche nach der **alten Fahrradklingel**, teile die Klasse in Gruppen ein und lasse sie das folgende Kapitel selbst erarbeiten und präsentieren. Es ist mittlerweile unerträglich heiß in den Zimmern. Im Schein des Overheadprojektors wird mir fast schwindlig. 32 Elf- bis Dreizehnjährige warten gespannt darauf, dass ich ihnen nochmals den Unterschied zwischen »much« und »many« erkläre.

Gong. Zweite Pause. Ich rase zur Toilette. Endlich … Im Lehrerzimmer lasse ich mich auf meinen Stuhl plumpsen und denke darüber nach, mir morgen wieder nur einen Punkt aus dem Stimmratgeber vorzunehmen und diesen dann konsequent umzusetzen. Ich spüre meinen trockenen Hals und nehme mir vor, morgen auf meine **Nasenatmung** zu achten. Mein schlauer Stimmratgeber gibt an, somit einer Schnappatmung vorzubeugen und gleichzeitig das meistens zu schnelle **Sprechtempo zu reduzieren**. Gong. Auf geht es in die letzte Runde für heute …

»SONDEREINSATZKOMMANDO« STIMME – TIPPS FÜR DEN TRAINERALLTAG

 Ein gestylter, schwarzer Sony-Würfel, programmiert auf die unchristliche Weckzeit von 6:25 Uhr, weckt mich unsanft aus meinen Träumen mit gewohnt nerviger Radiowerbung.

Nachdem sich noch ein paar mehr murrende Denkzellen zur Frühschicht eingefunden haben, zeigt mein IQ-Meter endlich einen Wert über 60 und ich mich somit in der Lage, Gedanken in Bewegung umzusetzen.

Heute ist mal wieder D-Day eines jeden Vortragenden. Neuer Auftraggeber mit neuen Zuhörern und Premiere im Thema. Terra inkognita des Kognitiven!

Aus diesem Grund hat der Sony schnell ausgewürfelt und mein Selbsterhaltungstrieb lässt mich mich ausgiebig **strecken, rekeln und gähnen**. Das Fachbuch meint, ich könne so meine Körperspannung in Fahrt bringen und meine Artikulation lockern.

Ich tapse in mein Badezimmer, um nach dem Zähneputzen über den Mund mittels gesprochenem **u-i-u-i** das Resultat des **Gähnens** zu komplettieren. Immer ganz spitz und breit denke ich mir, genau meinen Mund betrachtend – doch dann überfällt mich eine derbe Lachattacke. Immer spitz und breit – genau, vielleicht früher mal. Aus diesem Alter bin ich selbst im Zwielicht betrachtet längst heraus. Obwohl mich meine werten Nachbarn mit dem allmorgendlichen, langsam und deutlich gesprochenen u-i-u-i eigentlich wieder genau so einschätzen könnten. Auch das empfohlene **/mmhmm/** vor dem Spiegel (mhm – sooo toll siehst du also heute aus) lässt mich keineswegs auch nur eine Spur ernster werden.

Das Lachen über mögliche Phantasien meiner Nachbarn behindert auch meine nächste Fitnessübung, als ich unter der Dusche das empfohlene mommm und mammm zu **summen** versuche. Immer spitz und breit – der Trainer. Allerdings ist das damit verbundene Warmlaufen des Kehlkopfs zu wichtig, und so wechsle ich auf gesummtes Schlager-Liedgut der 1970er-Jahre und zwinge somit als Zugabe mögliche neugierige Ohren garantiert in die Knie.

Ich freue mich aufs Frühstück – mmhmm – und auf mein fettreduziertes Müsli mit Biomolke. Dann zünde ich die zweite Stufe meines Alltagstrainings und bringe meine grauen Zellen während der Autofahrt so ganz nebenbei auf die Nenndrehzahl.

Ich befehle mir, bei jedem vorbeirauschendem Werbeplakat **spontan** und schlagfertig **drei Sätze** zu dem beworbenen Produkt zu sprechen. Eine harte Übung, denn nach kurzer Zeit jagt bereits der Sarkasmus die über die angestrebte Nüchternheit triumphierende Ironie. Tendenz steigend – und bei den meisten Werbeplakaten am Straßenrand einfach unvermeidbar. Doch selbst mit diesen komischen Sätzen lässt sich wenigstens darauf achten, **am Satzende die Stimme zum Brustton der Überzeugung zu senken**. Das tröstet.

Endlich angekommen, raunt mir im Treppenhaus mein innerer Schweinehund seine heutige Ouvertüre ins Ohr: »Trainer, nimm den Fahrstuhl – Treppen sind langweilig und führen zu Atemnot.« Diese Runde allerdings geht an mich – ich bleibe sportlich.

Am Stockwerkziel **atme ich dreimal tief ein** und vor allem **noch tiefer aus**. Mein Lampenfieber bekommt dadurch einen kleinen Dämpfer und eventuelle Zeugen bekommen den Eindruck, eine durchtrainierte und disziplinierte Trainerpersönlichkeit vor sich zu haben.

Jetzt habe ich meine neue Arbeitsbühne erreicht und denke an mein wichtigstes Werkzeug für heute – meine eigene Stimme. Deshalb markiere ich mit **zwei Klebepunkten in meinem Blickfeld** wichtige **Erinnerungspunkte** zur eigenen Stimmschonung. Der erste (der an meinem Skript) mahnt zu **Nasenatmung und Stimmabsenkung am Satzende**. Ersteres vermindert ein Austrocknen meiner Stimme, Letzteres dient nicht zuletzt auch der Vermeidung von Tunnelblicken und Gähnattacken im Kreise der Zuhörer.

Der zweite Klebepunkt (landet irgendwo im Raum, aber dort, wo mein Blick ihn zwangsläufig streifen wird) erinnert mich an eine **aufrechte Körperhaltung** während des Seminars – vor allem natürlich beim Sprechen. Intern habe ich ihn deshalb meinen »Quasimodo-Punkt« getauft.

Um gleich in den richtigen Rhythmus zu kommen, begrüße ich die Teilnehmer nicht nur persönlich, sondern auch mit Fokus auf ein **angemessenes Sprechtempo**, garniert mit den erwähnten Stimmabsenkungen am Satzende – das hält mir Freund Lampenfieber weiter vom Hals und hilft mir, beim ersten Eindruck auf meine Zuhörer nicht als hyperventilierender und auditiver Dauernerver zu wirken.

Von da an laufen meine Programme zur Stimmschonung souverän nebenher.

Meine leidenschaftliche Daueraffäre mit Kaffee während sämtlicher Tageszeiten dämpfe ich leicht und gleiche eine (Stimm-)Austrocknung durch die Röstbohnen mit **viel Wasser und Fruchtsäften** wieder aus.

Selbstverständlich **präsentieren meine Teilnehmer selbst** ihre Ergebnisse, und sogar hitzige Gruppendiskussionen versuche ich im ersten Schritt nur durch schweigenden und ernsten **Blickkontakt** zu nivellieren. Diese Imitation des gegenseitigen Anstierens von Boxern will aber gelernt sein.

In der nächsten Stufe gehe ich auf die Teilnehmer zu, und meine mir wertvolle Stimmkraft kommt hierbei nur in den ersten beiden Wörtern meines Satzes deutlich lauter an die Streithähne gerichtet zum Einsatz. Alles Weitere spreche ich **angemessen leise**. Für den akustischen GAU in meinen Seminargruppen führe ich allerdings immer noch die altbewährte Trillerpfeife in meinem Trainerkoffer mit.

Nach vielen Pflichtstunden folgt auch heute Abend noch die angenehmere Kür beim Abendessen mit den Seminarteilnehmern. Selbst hier schludere ich nicht, denn morgen soll es wieder »stimmig« auf hohem Niveau weitergehen.

Ich **vermeide** es tunlichst, in Bierzeltmanier **gegen Hintergrundlärm anschreiend ein längeres Gespräch zu führen**. Vielmehr weiche ich auch jetzt auf ein ruhigeres Plätzchen aus, um **stimmschonend gepflegte Konversation** zu betreiben.

Mein Verlangen nach einem zweiten Gläschen Reb- oder Gerstensaft verschiebe ich um 24 Stunden, damit ich morgen nicht nur klar bei Sinnen, sondern auch bei Stimme bin.

Anhang

WAS MAN MIT OMAS WISSEN ALLES LINDERN KANN

Irgendwie hat jeder Berufssprecher ein Rezept, auf das er schwört, meist traditionell und familienerprobt. Uns begegnet das ständig in unserer beruflichen Praxis, und wir möchten dieses Wissen an Sie weitergeben. Vielleicht haben Sie selbst schon so ein Mittel, vielleicht finden Sie hier noch zusätzliche brauchbare Tipps. Lassen Sie uns Altbewährtes neu entdecken!

Wir wurden in unserer Kindheit mit Quark-, Zwiebel- und Kartoffelwickeln gesund gepflegt, doch das feuchte Zeug auf Brust und Hals ist nicht jedermanns Sache. Geholfen hat es allerdings immer.

> Eins ist auf alle Fälle klar: Je eher Sie auf erste Anzeichen von Heiserkeit und Erkältung reagieren, umso größer ist die Chance, darum herumzukommen oder den Verlauf zu verkürzen und zu mildern.

Mit der Anwendung von Globuli sind wir vorsichtig. Das ist individuell und situationsspezifisch, da fragen Sie besser Ihren Arzt, Heilpraktiker oder Apotheker. Großer Beliebtheit erfreut sich folgendes Rezept, das sich auf Vorrat und somit griffbereit vor allem für die erkältungsreiche Jahreszeit herstellen lässt.

Salbeilikör – Zaubertrank aus dem Donaumoos

Zutaten (auf Wunsch »alles bio«):

1 l klarer, hochprozentiger Schnaps (zum Beispiel Korn mit 30–40 % Alkohol)
30 Salbeiblätter (am besten frische)
300 g Zucker
Eventuell Zitronenschale

Alle Zutaten in ein großes Glasgefäß füllen. Wer möchte, kann noch zusätzlich die abgeriebene Schale von einer Zitrone dazugeben. Das Glas mit einem Tuch oder besser mit einem Deckel abdecken. Sechs Wochen hell und warm lagern, beispielsweise auf einer gut belichteten Fensterbank über der Heizung. Regelmäßig einmal pro Tag schütteln.

Nach sechs Wochen abseihen und in kleine, mit einem Korken verschließbare Flaschen abfüllen.

Anwendung: Bei einem leichten Kratzen im Hals oder erstem Hustenreiz sofort anwenden! Dazu einen kleinen Schluck nehmen und diesen im Mund behalten. Mit dem Likör ausgiebig den Mund- und Rachenraum spülen.

Und jetzt das Beste: Nach ungefähr einer Minute bravem Spülen darf man diese Hausmedizin auch noch herunterschlucken und genießen! Besser aber nicht direkt vor dem Unterricht, nicht dass die Schüler der ersten Reihe die Fahne missdeuten.

Hustensaft selbst gemacht und immer frisch

Zutaten:

100 g Zwiebeln, gewürfelt
100 g brauner Kandiszucker
1–2 TL Salbei
1–2 TL Thymian (beide Kräuter möglichst frisch)
250 ml Wasser

Wasser im Topf erhitzen, Zwiebeln, Kandis, Salbeiblätter und Thymian dazugeben und etwa zehn Minuten ziehen lassen, bis sich der Kandiszucker gelöst hat.

Abkühlen lassen und in eine verschließbare Flasche füllen. Im Kühlschrank ungefähr zwei Wochen haltbar.

Anwendung: Bei Husten dreimal täglich ein bis zwei Teelöffel einnehmen.

Natürlich gibt es die unterschiedlichsten Tees, die Sie ebenfalls trinken können, wenn sich eine Erkältung abzeichnet, und außerdem noch eine ganze Reihe anderer nützlicher Tipps. Fragen Sie dazu gerne auch Ihren Arzt oder Apotheker. Eine kleine Auswahl davon zur Information:

Griechischer Bergtee: Bei Schnupfen mit Nebenhöhlenbeteiligung – zehn Minuten ziehen lassen; mehrmals täglich eine Tasse trinken.
Salbeitee: Bei Heiserkeit oder Halsweh mehrmals täglich eine Tasse trinken. Ist auch gut geeignet zum Gurgeln oder Inhalieren. Salbei wirkt desinfizierend und entzündungshemmend.
Kamillentee: Bei Entzündung im Hals-Rachen-Raum. Kamille trocknet allerdings eher aus, wohingegen Salbei schleimfördernd wirkt.

Seidene Halstücher: Haben sich deshalb bewährt, weil sie sich der jahreszeitlichen Temperatur anpassen und empfindliche Hälse bei Kälte wärmen, bei Wärme kühlen. Gegen Erkältung können sie ebenfalls vorbeugend getragen werden.

Nasenspülung mit Emser Salz: Es gibt in der Apotheke Nasenspülgeräte mit entsprechenden Zusätzen. Lassen Sie sich beraten. Es ist nicht das Appetitlichste, hat aber schon vielen Patienten geholfen, die zu Nebenhöhlenentzündungen neigen. Sie führen das bei ersten Schnupfenanzeichen durch und vermeiden damit Halsentzündungen, die durch das nächtlich herablaufende Sekret hervorgerufen werden können.

Japanisches Heilpflanzenöl: Dieses Öl ist nicht unumstritten, doch viele Leute schwören darauf. Zum einen inhalierend, zum anderen äußerlich angewendet am Hals in Kombination mit einem Halstuch, oder auf einem Stück Zucker, wie eine Halstablette gelutscht.

Nun noch ein Rezept, das Sie ebenfalls gut einsetzen können.

Warmer Halswickel mit Zitrone (aus: Uhlemayr 2001, S. 87)

Dieser Wickel dient zur Schleimlösung oder ist bei Heiserkeit und beginnender Halsentzündung empfehlenswert, wenn Ihnen Wärme angenehm ist.

Zutaten:

½ ungespritzte Zitrone
heißes Wasser
Innentuch aus Leinen
Zwischentuch aus Baumwolle
wärmendes Außentuch

Den Saft der halben Zitrone in heißes Wasser geben, das Leinentuch darin tränken, sehr gut auswringen und so warm wie angenehm auf den Hals legen. Darüber das Zwischentuch legen und das Ganze mit dem Außentuch fixieren. Dauer der Anwendung: maximal fünf Minuten; danach den Hals noch mit einem Schal oder Rollkragenpullover warmhalten. Kann zwei- bis dreimal täglich durchgeführt werden.

DANKSAGUNG

Dank an …

… unsere Familien
für Ihre grenzenlos aufopfernde Unterstützung.

… unsere Patienten, Seminarteilnehmer und Probeleser
für viele Anregungen.

… unsere Kolleginnen und Kollegen
für den Erfahrungsaustausch.

… unsere Lektorin
für ihre Geduld, ihr Vertrauen und ihr Gespür für gute Dinge.

… jeweils die andere
für die unkomplizierte, gleichgesinnte und witzige Zusammenarbeit

… Herrn Christian Brückner
für das Vorbild und das Vorwort.

010

Berufsfachschule für Logopädie des Krankenhauszweckverbandes Ingolstadt
Facharbeit im Fach Dysphonie
Anna Neubauer

Fragebogen zur Facharbeit im Fach Dysphonie zum Thema „Prävention von Stimmstörungen bei Gymnasiallehrern"

Sehr geehrte Lehrer/innen und Referendare/innen,
die Stimme ist eines der wichtigsten Arbeitsinstrumente Ihres Berufes.
Um meine Facharbeit möglichst praxisbezogen verfassen zu können, bitte ich Sie, sich kurz Zeit zu nehmen und den nachfolgenden Fragebogen auszufüllen.

1. Ich bin Lehrer/in ☒   bzw. Referendar/in ☐

2. Die durchschnittliche Klassenstärke beträgt __28__ Schüler/innen.

3. Ich unterrichte folgendes Fach/ folgende Fächer
   Englisch / Französisch

4. Die durchschnittliche Unterrichtsdauer pro Tag beträgt: *(1 Unterrichtseinheit/ UE = 45 Minuten)*

   Weniger als 4 UE ☐   4 – 6 UE ☒   mehr als 6 UE ☐

5. Wenn Sie Belastungen der Stimme bemerken, welche sind das?

   Räusperzwang ☒   Kloßgefühl ☒   Trockenheit ☒   Hustenreiz ☒

   Schmerzen im Hals ☒   vermehrte Schleimbildung ☒   Heiserkeit ☒

   Anstrengungsgefühl beim Sprechen ☒

   Sonstiges _Stimme bleibt weg_

6. Bemerken Sie Belastungen der Stimme?   ja ☒   nein ☐

   Wenn ja, wann? (je nach Gesundheitsbelastung – ob schon erkältet oder nicht?)

   sofort ☐   nach ca. 1 Std. ☐   nach ca. 3 Std. ☐

   nach ca. 6 Std. ☐   nach ____ Std.

   in bestimmten Situationen: _nach 8 Std Tagen / in lauten Klassen / kurz vor den Ferien_

7. Wenn Sie Belastungen der Stimme bemerken, was tun Sie dagegen?

Tee / Kaffee trinken / Hustenbonbons lutschen / möglichst nicht räuspern / weniger reden

8. Besitzen Sie Vorwissen zur Stimme durch Vorträge, Seminare, …? ja ☒ nein ☐

doch zu wenig

9. Worüber würden Sie gerne nähere Informationen erhalten?

    Stimmpflege ☒   Stimmbildung ☐   Rhetorik ☐

    Zusammenhänge zwischen Atmung, Körperhaltung und Stimme ☒

    Entspannungstechniken ☒   Sonstiges_____

10. Welche Art/ Arten von Informationen würden Sie sich in einem Ratgeber für Ihren Sprechberuf wünschen?

    Theoretisches Hintergrundwissen bezüglich Stimme ☐

    Praktische Anleitungen zu Stimmübungen ☒

    Sonstiges_____

11. Liegt bei Ihnen ein medizinischer Befund vor?   ja ☐   nein ☒

    Wenn ja, von wem?

    HNO-Arzt/ Phoniater ☐   Logopäde ☐   _____ ☐

Die Daten des Fragebogens werden anonym behandelt. Bitte legen Sie den Fragebogen in den beiliegenden Briefumschlag und geben ihn verschlossen zurück.

Herzlichen Dank für Ihre Mitarbeit!
Anna Neubauer

LITERATURVERZEICHNIS

AMON, Ingrid: *Gut bei Stimme.* Richtig sprechen im Unterricht. Veritas, Linz 2009.

ANDERSON, John R.: *Acquisition of cognitive skill.* In: Psychological Review, 1982, 89, S. 369–406.

BAZIL VAZRIK/WÖLLER, Roland: *Rede als Führungsinstrument.* Wirtschaftsrhetorik für Manager – ein Leitfaden. Gabler, Wiesbaden 2008.

BESSER, Ralf: *Transfer: Damit Seminare Früchte tragen.* Strategien, Übungen und Methoden, die eine konkrete Umsetzung in die Praxis sichern. Beltz, Weinheim und Basel, 3. Auflage 2004.

BRUIN, Andreas de: *Rhetorik, Atmung und Stimme im Klassenzimmer.* Ein Praxishandbuch für Lehrkräfte. Care-Line, Neuried 2006.

BRÜGGE, Walburga/Mohs, Katharina: *Therapie funktioneller Stimmstörungen.* Übungssammlung zu Körper, Atem, Stimme. Ernst Reinhardt, München, 6. Auflage 2009.

FISCHBACHER, Arno: *Stimme ist wichtiges Kriterium für Karriere.* 2006. Im Internet unter: www.estherschweizer.de/media/Presseinfo_Karrierefaktor_Stimme.pdf [Stand: 05.01.2010].

GRUBER, Hans: *Lernen und Wissenserwerb.* In: Schneider, Wolfgang/Hasselhorn, Marcus (Hrsg.): Handbuch der Pädagogischen Psychologie. Hogrefe, Göttingen 2008.

GRUBER, Hans/Harteis, Christian: *Lernen und Lehren im Erwachsenenalter.* In: Renkl, Alexander (Hrsg.): Lehrbuch Pädagogische Psychologie. Huber, Bern 2008.

GUTENBERG, Norbert/Pietzsch, Thomas: *Keine Stimme, kein Unterricht.* Campus, Ausgabe 1, 2003. Im Internet unter: www.uni-saarland.de/verwalt/presse/campus/ 2003/1/06-stimme.html [Stand: 05.01.2010].

GUTZEIT, Sabine F.: *Die Stimme wirkungsvoll einsetzen.* Das Stimm-Potenzial erfolgreich nutzen. Beltz, Weinheim und Basel, 3. Auflage 2008.

HAMMANN, Claudia: *Übungsprogramm für eine gesunde Stimme.* Ernst Reinhardt, München, 3. Auflage 2005.

HAMMER, Sabine S./Thiel, Monika M. (Hrsg.): *Stimmtherapie mit Erwachsenen.* Was Stimmtherapeuten wissen sollten. Springer, Berlin 4. Auflage 2009.

HIRSCHHAUSEN, Eckart von: *Glück kommt selten allein.* Rowohlt, Reinbek 2009.

HUK-COBURG-VERSICHERUNGSGRUPPE: STIMMBILDUNG, 2009. Im Internet unter: *www.huk.de/lehrerberuf/fitness/stimmbildung/index.jsp* [Stand: 05.01.2010]

KANNENGIESER, Simone: *Sprachentwicklungsstörungen.* Grundlagen, Diagnostik und Therapie. Urban & Fischer, München 2009.

KOFLER, Leo: *Die Kunst des Atmens.* Breitkopf und Härtel, Leipzig 1914. (Bärenreiter, Kassel, 26. Auflage 1992).

KNIE, Frohmut: *Wie bleibe ich bei Stimme? Praktisches Stimmtraining für Lehrerinnen und Lehrer.* Auer, donauwörth 2008.

LANGER, Inghard/Schulz von Thun, Friedemann/Tausch, Reinhard: *Sich verständlich ausdrücken: Aneitungstexte, Unterrichtstexte Vertragstexte, Gesetzestexte, Versicherungstexte, Wissenschaftstexte, weitere Texte.* Ernst Reinhardt, München, 8. Auflage 2006.

LEMKE, Sigrun/Tiel, Susanne/Zimmermann, Susanne: *Zur Notwendigkeit der Überprüfung stimmlich-sprecherischer Eignung für den Lehrerberuf.* In: Gutenberg, Norbert (Hrsg.): Sprechwissenschaft und Schule: Sprecherziehung – Lehrerbildung – Unterricht. Ernst Reinhardt, München 2004, S. 164–171.

PASECCO®, Prävention von Atem- und Stimmerkrankungen in Call Center Organisationen. TEKOMEDIA 2004. Im Internet abrufbar unter: www.arbeitnehmerkammer.de/tbs/call-centertagung05/doku/sportelli_stimme.pdf. [Stand: 05.01.2010]

MENTZEL, Wolfgang: *Rhetorik – Frei und überzeugend sprechen.* Haufe, Freiburg, 5. Auflage 2006.

MOLCHO, Samy: *Körpersprache.* Bassermann, München 2003.

MOTAMEDI, Susanne: *Präsentation: Ziele, Konzeption, Durchführung.* Arbeitshefte Führungspsychologie Band 21. Sauer, Heidelberg, 2. Auflage 1998.

NEUBAUER, Anna: *Prävention von Stimmstörungen bei Lehrkräften.* 2009.

PARMELIN, Hélène: *»Picasso sagt ...«.* Desch, München 1967.

REISACH, Ulrike: *Fachvortrag und Internet-Recherche.* Deutscher Sparkassen-Verlag, Stuttgart 2002.

ROSSIÉ, Michael: *Sprechertraining.* Ullstein, München 2000.

RZ-ONLINE: *Forscherin: Tiefe Männerstimmen nicht immer sexy.* 2008. Im Internet abrufbar UNTER: WWW.RHEIN-ZEITUNG.DE/ON/08/10/12/NEWS/SCIENCE/T/RZO486185.HTML. [STAND: 05.01.2010]

SCHILDT, Thorsten/Kürsteiner, Peter: *100 Tipps & Tricks für Overhead- und Beamerpräsentationen.* Beltz, Weinheim und Basel, 2. Auflage 2006.

SCHNEIDER, Wolfgang/Hasselhorn, Marcus (Hrsg.): *Handbuch der Pädagogischen Psychologie.* Hogrefe, Göttingen 2008.

SCHÖN, F.: *Der Geheimcode unserer Stimme.* In: Welt der Wunder 4/2007. Bauer Media, Hamburg.

SEIFERT, Josef W: *Visualisieren – Präsentieren – Moderieren.* Gabal, Offenbach, 23. Auflage 2009.

TESCHE, Bianca: *Stimme und Stimmhygiene.* Ein Ratgeber zum Umgang mit der Stimme. Schulz-Kirchner, Idstein, 2. Auflage 2009.

UHLEMAYR, Ursula: *Wickel & Co.* Bärenstarke Hausmittel für Kinder, Urs, Burgberg 2001.

WENDLANDT, Wolfgang: *Entspannung im Alltag.* Beltz, Weinheim und Basel, 2. Auflage 2005.

WHITAKER, Todd: *Was gute Lehrer anders machen.* Beltz, Weinheim und Basel 2009.

Bildnachweis

S. 16, 31	Stefan Hartweg
S. 19, 24, 30, 33, 64	Nicola Schaller
S. 89, 91, 92	Christina Satzger

BELTZ WEITERBILDUNG

Ludwig Wiesenbauer
Wir schaffen das!
Veränderungen erfolgreich in Gang setzen
200 Seiten. Gebunden.
ISBN 978-3-407-36477-7

Der Change-Manager Peter Enders hat den Auftrag, eine Brauerei wieder auf Vordermann zu bringen. Dabei lässt er kein Fettnäpfchen aus ... Anhand einer vergnüglichen Geschichte erfahren die Leser welche Tools, Methoden, Vorgehensweisen, Tipps und Tricks helfen, um die Veränderungsaufgaben leichter bewältigen zu können.

»Dieses Buch ermöglicht einen alternativen Zugang zum Thema ›Change-Management‹. Auf lange theoretische Ausführungen wird verzichtet, dafür wird kurz und prägnant, über eine sich durch das Buch entwickelnde Geschichte, in die Inhalte eingeführt. Die vorgestellten Methoden sind direkt einsetzbar und zeigen auch in der Praxis gute Anwendbarkeit.« www.amazon.de

Sabine F. Gutzeit
Die Stimme wirkungsvoll einsetzen
Das Stimm-Potenzial erfolgreich nutzen
Mit Audio-CD
128 Seiten. Broschiert.
ISBN 978-3-407-22620-4

Kommunizieren, präsentieren, telefonieren – wer den richtigen Ton trifft, kommt gut an. Lernen auch Sie, Ihre Stimme klangvoller und überzeugender einzusetzen, Ihre Zuhörer nicht nur inhaltlich, sondern auch stimmlich in Ihren Bann zu ziehen. Die konkrete Anwendung im Gespräch, bei Vorträgen oder am Telefon erfolgt in kleinen Lernschritten. Eine begleitende Übungs-CD – von der Autorin persönlich besprochen – sichert den Lerntransfer.

»Der Autorin gelingt es, alle Übungen klar und einfach zu erklären, so dass man sie leicht nachmachen kann. Ein sehr praxisnaher Ratgeber für einen besseren stimmlichen Ausdruck.« *Personalführung*

Beltz Verlag · Postfach 100154 · 69441 Weinheim · www.beltz.de